二〇一一—二〇二〇年國家古籍整理出版規劃項目
國家古籍整理出版資助項目
安徽省文化强省建設專項資金項目
安徽省古籍整理出版基金會資助項目

# 桐舊集

二

方履中署

［清］徐璈◎輯録　楊懷志　江小角　吴曉國◎點校

北京师范大学出版集团
BEIJING NORMAL UNIVERSITY PUBLISHING GROUP
安徽大學出版社

# 桐舊集

方守敦敬題

本册點校　江小角

# 目録

## 卷五

方聞 徐峴
蘇惇元 馬起泰 同校

姚孫森十一首……四〇

## 

卷　六

徐　寅　蘇惇元
吴元甲　馬起恒
同校

## 姚範三十六首

## 卷七

徐寅 方聞
蘇惇元 方傳理 同校

姚建十一首



姚馨二首



姚超恒十首

## 卷八

方聞 蘇惇元
方宗誠 馬起益 同校

## 卷九

王槱　馬三俊　胡淳　蘇求莊　同校

# 卷五

方聞　徐崐
蘇惇元　馬起泰　同校

## 姚顯三首

**姚顯**　字宗顯，號賡颺，永樂間處士，贈刑科給事中，有金鳳樓詩集。姚氏先德傳：『公爲三世仲義公長子，幼端謹，及長制行方剛，與人交謹謹卑遜，治家嚴肅，鄉里法之。子旭。』

### 秋風高

秋風高，鳴弓綃，雕鶚鴻雁求其曹。原日低，塞馬嘶，沙草荒荒歸路迷。

### 閒居

萬里蕭蕭馬，穹廬年歲多。親朋斷沙漠，鬢鬢老干戈。隴水咽諸葛，天山峙伏波。凱旋諸將卒，靜聽考槃歌。

## 除夕 四首之一

圍火夜深坐，如僧却有家。人情森劍影，吾道問梅花。休夢覆蕉鹿，須看赴壑蛇。明朝花甲滿，雲水舊生涯。

# 姚旭六首

**姚旭** 字景暘，號菊潭，景泰辛未進士，官至雲南參政，有菊潭集。明詩綜系傳：『由進士授刑科給事中，天順間以言事謫判鄭州，後仕至雲南參政。』姚氏先德傳：『公爲給事中，上書訟于忠肅寃，忤權貴，適以争科道坐次，謫鄭州判。憲宗初擢南安知府，勤求民瘼，旱禱雨輒應。境産佳禾，南安人繪爲圖，作嘉禾詩，至今存。秩滿，擢雲南右參政，告歸，年七十八卒。』

## 僕射陂

名陂如練静無波，倒浸青天一鏡磨。兩岸緑陰〔一〕芳草合，滿川紅錦藕花多。沙邊日暖眠鷗艇，水底春晴擲鯉梭。僕射想當〔二〕蒙賜後，畫船尊酒日相過。

校記：〔一〕『陰』，龍眠風雅作『茵』。〔二〕『當』，龍眠風雅作『應』。

## 夕陽樓

危樓百尺凌霄漢，面面玲瓏透夕暉。波冷蒹葭孤鷺落，烟昏楊柳乳鴉飛。依依皓魄開明鏡，隱隱青螺列翠微。城郭已非風景異，西崑花萼任芳菲。

## 管叔城　明詩綜選

管城廢址草茫茫，屈指曾經百戰場。但〔一〕有鵂鶹鳴夜雨，不堪車馬送斜陽。山含秋色迷孤館，樹引荒雲覆女牆。試上層樓頻悵望，鎬京離黍總堪〔二〕傷。鄭州懷古詩凡十首，兹録三首。其丞相塚句：『小兒坦腹緋衣日，元老名全緑野時。』列子觀句：『苔荒藥鼎雲常護，春暗丹臺草自閒。』

校記：〔一〕『但』，龍眠風雅作『似』。〔二〕『總堪』，龍眠風雅作『幾回』。

## 次韻答范德章郎中 二首之一

送君横浦惜分襟，别酒須頻莫厭斟。紫禁帝城恒入夢，白雲親舍獨關心。櫂穿溟渤〔一〕波千頃，帆擁匡廬翠萬尋。王事已堅歸省畢，不妨酣醉且長吟。

校記：〔一〕『溟渤』，龍眠風雅作『渤海』。

## 征昌明蠻賊凱旋作

曾領征南上將兵，六花光照鐵衣明。雨隨雕箭鋒頭落，人在龍旗〔一〕隊裏行。氣奪百蠻山失險，枚銜千騎夜無聲。鼯鼪竄跡〔二〕狼烟熄，鐘鼎何勞更勒名。

校記：〔一〕『旗』，龍眠風雅作『旂』。〔二〕『竄跡』，龍眠風雅作『已滅』。

## 舟過洞庭遇雨

碧水如天萬頃浮，布帆高挂駛〔一〕中流。帶將一陣瀟湘雨，直過湖南幾十州。

校記：〔一〕『駛』，龍眠風雅作『漾』。

# 姚昭一首

姚昭　字景霞，號赤城，旭弟，有凾山詩集。

## 春園

早鶯留客柳成絲，頻泛螺樽酒不辭。紅日滿窗花氣重，海棠樓上雨晴時。

## 姚采一首

**姚采** 字世明，號梅軒，旭五子，有柏子山樵詩集。

### 過北宋故都

萬里黄河壯兩京，故都禾黍野人耕。絶無長策輕南渡，不恥偏安重北盟。三字公庭尊獄吏，一門天子盡書生。傷心豈獨宗留守，未捷王師命早傾。

## 姚相一首

**姚相** 字世良，號翠林，旭長子，天順間貢生，有白岳詩集。

### 懷友

久别懶相憶，交深無此心。連朝夢蓬島，雲氣罨重陰。海市鳴青浪，花林浴翠禽。幽齋耽静望，知撫七絃琴。

## 姚楫一首

**姚楫** 字世用，號杏林，旭三子，弘治間諸生，有山嘯閣詩集。姚氏先德傳：『公爲參政三子，賦質清異，讀書過目成誦。試屢不售，乃鶡冠鳩杖，率僮僕耕作，或作爲詩歌以抒意。嘗曰：「古人有言，不爲良相，則爲良醫。」乃精求方書，里中病者就公診，輒愈。』

### 讀書

空庭蕭寂對林塘，一榻琴書引興長。自笑未諳高枕趣，何曾白晝夢羲皇。

## 姚昱一首

**姚昱** 字葆光，洪熙間諸生，有野藺園詩集。

征婦怨

迢遥萬里平沙黄，壯夫召募趨遼陽。閨中少婦兩決絶，音書不至空斷腸。人世光陰駒過隙，鏡裏紅顔衹自惜。秋風吹冷女嬃砧，獨立傾城長太息。夢到邊庭聽笳管，征人執手情款款。雞鳴夢醒不見君，枕上空餘淚痕滿。

## 姚珂三首

**姚珂** 字廷聲，號松岑，正嘉間處士，有養藾莊詩集。

柳陌春耕 麻溪雜詠十首之一

不作田家兒，不識田家苦。茅屋雞再鳴，驅牛出環堵。鳴鳩濕不飛，春隴一蓑雨。

## 送別歸震川之吴門　四首之一

纔覺追歡好，忽忽惜别天。鶯花投子夢，桃李虎丘船。歸雁聲偏冷，春江月正圓。叮嚀門户重，拭目望高騫。

## 山　歸

山城渾似畫，歸路又重經。密樹排蒼幟，遥峰列翠屏。猿聲千嶺咽，虎氣一林腥。何處堪趺坐，江公舊有亭。

# 姚希古一首

**姚希古**　字崇義，弘治間諸生，有滄海集。

## 春花

寒勁春風故放遲，尋芳何處最多姿？將疏尚密雨三月，淺白輕紅花幾枝。渡口人歸歌斷續，湖邊漁唱櫂漣漪。小園穠艷無人賞，且賦劉郎紫陌詩。

# 姚希廉一首

**姚希廉** 字崇賢，號葵軒，嘉靖間處士。潘蜀藻曰：『公嘗以麥飯不充追呼到門，感懷作詩，乃延師課子孫，致敬盡禮，凡致束修必陳拜於廟。厥後自觀察公芳麓而下，遂極一門科第之盛云。』

## 感懷〔一〕

四十年來光景殊，蹉跎歲月竟何如？兒童五六饑寒迫，家計蕭條事業孤。爨火烟餘蒸麥熟，竹籬掩罷聽征呼。重重樂事人間有，寥落淒涼似我無。

校記：〔一〕此詩龍眠風雅有『序』曰：『予少治章句，長習躬耕。顧以世族之後，恐遂式微，用羞厥紹，訓子尊師，既忠且敬。單衣糲食，終窶且貧。詈語盈庭，空怨天高自跼；追呼在野，敢云門設常關？予無馬氏之白眉，徒羨魚而結網；身似曹家之黃雀，甘見鷂以投羅。率爾成章，少宣抑郁，亦以示後世子孫「苟富贵，毋相忘」云爾。』

## 姚希顏三首

**姚希顏** 字崇孔，號克齋，嘉靖間廩生，有養性齋集。郡志：『希顏貧而好施予，或問之曰：「原憲亦施予乎？」答曰：「正惟原憲能施予，若石崇、王愷在，豈能易吾一簞瓢陋巷哉！」』

### 葵軒兄招同張助甫陳大士集飲 二首之一

乍合歡如舊，高談洽遠情。繞簾雲影亂，入座鳥聲清。飽飲幽棲□，欣逢世好成。唱酬方竟日，早已識平生。

### 層樓

廣寒世界夜迢迢，醉拍闌杆酒易消。河漢入樓天不夜，江風吹月海初潮。影摇翠幙金蓮炬，夢斷涼雲碧玉簫。休唱齊梁舊時曲，六朝宫殿草蕭蕭。

### 秋日登北極閣

六朝山色望中收，半入青天半入樓。僧倚頹垣雲滿笠，樹留殘照客擎甌。千帆遥拍長江水，孤鳥頻啼野店秋。更向景陽鐘外聽，一聲聲散晚風幽。

## 姚自虞一首

**姚自虞** 字智思，號似葵，希廉子，萬曆初歲貢生，贈汀州知府，有白石山吟。姚氏先德傳：『公子之蘭令海澄，公以「廉慈」二字使銘座右。又曰：「官不患不明不斷，患其太過，默念爲生民布德，次第末減而已。」』

## 奉和先君子感懷詩〔一〕

澤宮遺制主恩殊，對策天人豈漫圖〔二〕？雉尾遥看〔三〕雙闕迥，鳳樓不盡五雲孤。青衫未敢悲牢落，紫禁何緣逐拜呼。獨有蕭蕭風木怨，白楊飄渺亦知無。

**校記：**〔一〕此詩，龍眠風雅有序曰：『虞以諸生謬與廷試，睹帝京之偉麗，九陌三條；望建章之弘敞，千門萬户。心懸昔者，意感來兹。寂寞青氈，慨長轡之未騁；蕭條縞兔，對短褐以興悲。因步先君子感懷詩韻，率賦一章，言意不窮，欣感並集。』〔二〕『圖』，龍眠風雅作『如』。〔三〕『遥看』，龍眠風雅作『欲開』。

# 姚實虞七首

**姚實虞** 字伯功，號聞唐，萬曆間諸生，有四箴堂集。

## 田園雜詩 五首之二

少小負奇氣，覽勝慕九州。餐霞赤城標，賦詩黄鶴樓。迢遥下京洛，道途阻且修。黄金箯已盡，黑貂無完裘。飄飄水上萍，泛泛波中鷗。慈烏聲啞啞，乳鹿鳴呦呦。兀兀空歸來，熒熒四壁秋。上堂拜阿母，中心多悔尤。諄諄聆慈訓，淒然涕泗流。先世忠厚風，奕葉貽箕裘。讀書既無成，奚爲汗漫遊。殷勤戀敝廬，努力服先疇。人生恥不立，豈爲飢寒羞。爾其自勉旃，毋遺泉下憂。

治圃何必廣，取足供我蔬。今年雨澤匀，嘉蔬無時無。青青竹百竿，灼灼桃數株。五月泛菖歜，六月盈茭菰。十月探早梅，九月采椒萸。好鳥時時來，蛺蝶與之俱。素心二三人，讀我新著書。有蔬亦可摘，有酒不用沽。長揖謝樊子，老圃吾其如。

## 懷沈文伯

藥欲憑誰饋？金曾爲我分。交深慚鮑叔，瘦極憶休文。河上晴連騎，花間夜共醺，只今春又去，回首萬重雲。

## 秋日感懷贈金正希 二首之一

連宵愁不寐，鄉思月同生。南國幾傷别，東籬一繫情。鴻書偏易斷，蝶夢竟難成。蟋蟀何爲者，凄凄亦到明。

## 喜晤鄧以讚即次見懷韻 二首之一

吟罷懷人什，還同執手看。風塵雙鬢改，冰雪一氊寒。索處思應切，重來興未闌。都將别後事，細説到更殘。

## 答陳大士即用贈韻

五字河梁萬古情，相逢一信淚同傾。雨窗説鬼燈先瞑，酒肆論仇劍忽鳴。豪氣盡輸當日事，詞場空擅後來名。徐孃寂寞田郎死，回首淮南落照明。

留别友人　三絶句六言

一葉茫茫人去，萬花寂寂春殘。濁酒漢書小醉，亂山晴雪長安。

## 姚之蓮七首

**姚之蓮**　字汝茂，號潔心，萬曆間諸生，有過江詩集。

大佛寺用芳麓兄韻

祖纜昔東遊，繫纜茲山側。纜去石空留，萬古此屶崱。高僧矢宏願，妙相出劖刻。藤蔦作華蔓，雲霞借藻飾。我聞維摩居，方丈坐百億。盡如丈六身，毋乃憂偪仄。維言廣長舌，遍覆大千國。幻象信有之，佛語固真實。

## 雜　詩　二首之一

步出龍眠山，北望中原道。廣漠多悲風，浮雲澹晴昊。憂來豈有方，歌泣復盈抱。來者自爲新，去者自爲老。戚戚遊子顔，婉孌難終好。不如歸去來，早種恒春草。

## 過常山

山路草萋萋，春鶯不住啼。半程分楚越，一道雜輪蹄。密樹花飄徑，高田水下蹊。行行家漸遠，極目大江西。

## 春日同友人泛舟

波光泛畫橈，重到記今朝。士女逢三月，鶯花憶六朝。僧隨香市散，船趁酒旗招。得借南山屋，烟雲一葉瓢。

## 懷汪武曹客苕溪

鼓盆歌罷客天涯，十載遥知兩鬢華。狂似步兵應有淚，才同王粲竟無家。菰城落日鳴征雁，苕水秋風噪暮鴉。旅館不須傷寂寞，有時還看鏡中花。

## 聞雁

楓落吴江水國秋，雁傳霜信過南樓。乍驚離夢三千里，一夜相思欲白頭。

## 惜花 二十首之一

重重樓户燕初憨，曲曲溪流緑乍涵。惟有薄情終夜雨，捲簾人惜是江南。

## 姚之蘭一首

姚之蘭　字汝德，號夢弧，萬曆乙卯舉人，有清暉堂集。

### 聽子規

催春小鳥一春啼，幾度人歸春未歸。畢竟故鄉風味好，朱櫻入市笋初肥。

## 姚之藹一首

姚之藹　字汝碩，號春麓，萬曆間布衣，有來青詩集。

### 送友人之粵東文幕

竟上越王樓，真成萬里遊。瘴雲低地起，蠻海接天流。花放四時燠，文從五嶺收。鄉心莫易動，酒破鷓鴣愁。

## 姚之騏一首

**姚之騏** 字山良，號渥源，萬曆丁未進士，官湘潭知縣。江南通志：『騏爲人方正力學，尚氣節，仕湘潭潔己愛民，以勞瘁卒官。』姚氏先德傳：『公與弟芳麓公先後八日生，甫彌月，葵軒以筐承二孫弄之，一道士乞食，葵軒飯之，憂貧不能治具。道士笑曰：「一筐有二進士，何憂貧乎？」及令湘潭，嘗越境出盜不意，擒巨魁，遠近以安。』

### 舟行

扁舟惟所適，幽意託滄浪。夾岸峰峰翠，臨流葉葉香。潮生消暑力，吟冷助波光。遠浦青帘出，深杯待夕陽。

## 姚之蘭二首

**姚之蘭** 字汝芳，號芳麓，萬曆辛丑進士，累官汀州、杭州知府。江南通志：『令海澄日，開九都水利，化斥鹵爲沃壤，士人名其地曰「姚港」。』杭州府志：『之蘭守杭州，凡所興革，有功於地方，士民建有德馨生祠，告養歸，詔嘉勞之。及孫文然貴，贈刑部尚書。』姚羹湖曰：『先君子於白門，得叔祖芳麓公詩一帙，可百餘首。四伯父尚寶公見而受之，云搜全稿壽梓，未幾伯父卒。此帙竟歸烏有。嗟乎！余家世稱能詩，即祖、父輩著作，余所及見者猶苦散失，況前此耶！又況先輩名賢子姓淪落者耶！』姚瑩德馨祠記：『公之祠在海澄者二，一在縣東門外，一在九都之湖尾。民間祀事猶盛。在杭州者二，一在吴山城隍廟之左，一在西湖孤山側。杭人以公數見神異，得請春秋官爲致祭。又有像在南屏之巖居庵，亦杭人思公，因與葛侍郎屺瞻並祀於庵内之南閣，曰「天香祠」云。緬明季迄今二百餘年，朝市變遷而民心未忘，於公靈爽所憑，久乃彌昭，非甚盛德，其能有是乎！』

## 晤黄陶庵

境地憐相似，天涯共起居。曉風殘月裏，問影答形餘。一笑平生素，都殘幾卷書。與君籌暮景，歸卧白雲廬。

## 恩榮宴步王父感懷詩韻　是科同弟若水偕成進士。

燒尾群歌節候殊，譽髦今日慶孿如。太丘垂教芳能遠〔一〕，小謝偕登調不孤。錦〔二〕水桃花魚乍變，春風〔三〕杏苑燕相呼。願將循績傳〔四〕家學，敢道龔黄近代無。

校記：〔一〕「芳能遠」，龍眠風雅作「流方遠」。〔二〕「錦」，龍眠風雅作「春」。〔三〕「春風」，龍眠風雅作「燕山」。〔四〕「績傳」，龍眠風雅作「吏酬」。

## 姚舜俞二首

**姚舜俞**　字中軒，萬曆間歲貢生，有雲峰居士集。

### 青帘同歸季思分韻

青旗低挂漾夷由，鎮日長竿屋角浮。笑指停驂留過客，共誰佳釀坐層樓。江千樹底閒花落，山店風横暮雨秋。飽飲爐頭拚一醉，頻看風影落中流。

子夜曲　二首之一

贈郎並蒂蓮，蓮子心中苦。莫將蓮苦心，輕向人前吐。

## 姚若水三首

**姚若水**　字汝行，號功元，萬曆辛丑進士，官至廣西布政使參政，有崇德堂詩集。明貢舉考略：『萬曆乙卯湖廣典試，刑科給事中姚若水，直隸桐城人。』

### 感懷

亂山多似客，招得幾精靈。感此發長喟，如何尚役形。孤雲眠鷺白，一葉抱蟬青。自有虛空境，伊誰有負苓。『負苓』見文仲子。

### 姑蘇有懷

十年重到闔閭城，往事蕭條感客情。垂老故人門巷改，舊遊別苑薜蘿生。宫祠頹廢屯戍馬，歌妓平明擁戍兵。贏得虎丘名勝地，夜深猶聽畫船笙。

### 登投子山

策杖松門深復深，天風吹我上千尋。趙州橋畔潺湲水，似爲遊人説古今。

## 姚孫枝一首

**姚孫枝** 字貽孫，號蓬庵，順、康間布衣，贈甯陽縣知縣，有漱懷堂集。姚氏先德傳：

『公爲之蓮公子，以父名蓮，終身不食蓮實。文章駿偉，詩學青山、放翁。晚隱處西山，蒔花蓺竹、飲酒賦詩以終其身。』

采　雨

掬手忽盈綠，無須汲綆深。此生愛水意，一勺見天心。步向蒼苔滑，聞來花氣沉。泠然湛詩思，小甕貯春霖。

## 姚孫林一首

**姚孫林**　字東生，號木臣，崇禎間諸生，殉節死，有翠柏山房集。

聞亂有感

城上烏啼春日黄，暮雲低處挂欃槍。三邊不受金牌召，大内俄傳寶瑟僵。鬼國共知成破竹，公田唯恐廢耕桑。書生幾點憂天淚，不是妻孥亦笑狂。

## 姚孫桐一首

姚孫桐　字鳳巢，號杖華，萬曆時官參將，有盤石山房詩集。

### 秋山

山在萬樹中，木脱山容出。鐵石乃其常，金丹不可必。氣清秋斂雲，天高暮銜日。對此歎勞人，閒來無百一。

## 姚孫李一首

姚孫李　字春華，號石莊，崇禎間貢生，有藕舫詩集。

### 坐蓬庵散花書屋聽人彈琴

細雨灑芳徑，涼風吹單衣。旬日未覯止，惄焉心如饑。譬彼絶絃琴，音希知亦希。昨夢與兄晤，清言妙義微。此是成連調，海上誰從違。何幸董廷蘭，抱琴追絳幃。珊珊好風度，山水爲之揮。一彈令神穆，再鼓使心移。乃知澄懷子，操縵士來歸。四座氣洋洋，麈尾談霏霏。初月上篔簹，疏影摇芳菲。超象識焦桐，寓情在金徽。我亦淡蕩人，聽之懷采薇。林下養餘閒，緑綺其庶幾。

## 姚孫棨二首

**姚孫棨** 字前甫，之蘭子，諸生，早卒。潘蜀藻曰：『前甫績學善病，賫志早殁，所爲詩殆數百首，俱皆湮佚，今僅存二三首耳。』

### 都門寫懷

花開籬菊正霜天，遊子都門倍黯然。聽徹漏聲金闕外，望殘行色錦韉前。鄉心夜月懸〔一〕千里，病骨秋風又一年。聞道漢廷群〔二〕薦士，可能給〔三〕札賦甘泉。

**校記：**〔一〕『懸』，龍眠風雅作『三』。〔二〕『群』，龍眠風雅作『多』。〔三〕『可能給』，龍眠風雅作『可緣筆』。

### 病中不寐

獨卧空齋裏，階前樹影偏。己愁蟲語砌，更是月當天。

## 姚孫棨八首

**姚孫棨** 字心甫，號石嶺，之蘭子，天啟壬戌進士，官至尚寶丞，有石嶺集。明詩綜系傳：『由進士知龍游、晉江二縣，擢江西道御史，謫上林典簿，遷吏部主事，歷郎中，累官至尚寶丞。』潘木厓曰：『公令晉江，值歲饑，募捐賑糶，全活甚衆。爲御史以治錦衣項震殺妻獄，觸忌，左遷備兵漳南，又以清理故相鶴灘園林遺産，爲勢家蜚語左遷。公視一官泊如，而爲德於鄉，知無不爲，賑荒繕陴，藉藉人口，卒與弟孫棐崇祀鄉賢。』姚瑩曰：『漳郡志：林釬，龍溪人，崇禎九年拜東閣大學士，首輔忌之，因以事，遂得疾卒。此故相林鶴灘即其人也。』

## 久雨新霽喜殷氏兄弟邀飲　明詩綜選

閉門十日陰，門外喧屐齒。已聞前谿漲，更見屬垣圮。曜靈胡匿暉？風雨横如駛。暮霞照東隅〔一〕，魚尾差可擬〔二〕。凌晨〔三〕下檐楹，邂逅逢之子。相邀卧〔四〕甕頭，一斗飲未已〔五〕。醉翁意有〔六〕在，歌者聲且止。

**校記：**〔一〕「照東隅」，龍眠風雅作「從東來」。〔二〕「魚尾」句，龍眠風雅作「欣然報晴美」。下有「翼日睹朝暾，羈懷粗可理」。〔三〕「凌晨」，龍眠風雅作「散步」。〔四〕「卧」，龍眠風雅作「醉」。〔五〕「一斗」句，龍眠風雅作「到院鳥聲喜」；下有「狂譚盡一石，莫逆笑相視」。〔六〕「有」，龍眠風雅作「不」。最後兩句「把袂未能别，初月射軒几」。

## 車中漫紀　二十八首之五　明詩綜選

辛苦黄河水，蕭條遠客情。望涯催渡進，回櫂避冰行。碧漾波千頃，寒連雁一聲。七年重過此，心緒百端生。

茅店孤燈黯，繩牀旅夢安。不知一夜雪，但覺五更寒。際曉山山白，因風樹樹殘。憂時誰〔一〕紀瑞，默坐捲簾看〔二〕。

初日照高樹，前山露〔三〕始開。怒飈一以發，寒氣轉相催。野色遥難即，羈愁莽欲來。故人居不遠，去去好銜杯。

稍覺霜威解，郊原静不風。平蕪嘶倦馬，古戍掠征鴻。帆影寒流外，人烟落照中。徐滕雖異壤〔四〕，艱食恐相同。

一望炊烟絶，沿途襁負多。監門方有繪，齊右已〔五〕無歌。雪勢深趨谷，冰痕淺綴柯。昏昏連曉暮，歲月感蹉跎。

**校記：**〔一〕「誰」，龍眠風雅作「應」。〔二〕「默坐」句，龍眠風雅作「朋輩勸加餐」。〔三〕「露」，龍眠風雅作「霧」，是。〔四〕「異壤」，龍眠風雅作「劃界」。〔五〕「已」，龍眠風雅作「久」。

## 西塞山紀遊〔一〕

危崖孤峙碧嶙峋，古木陰森俯白蘋。繞徑雲深龍窟寺，攀林霜冷鹿皮巾，亭臨大壑波聲遠〔二〕，竹引層梯岫色新。不是石尤延勝集，輕舠誰問武陵津？

校記：〔一〕龍眠風雅詩題作西塞山紀遊同吴槃谷邢愷之朱右立王據卿及姪若侯。〔二〕『臨』，龍眠風雅作『銜』；『聲』作『光』。

## 上虞道中

舍櫬登車亦自閒，郊原歷歷當躋攀。山俱入畫青千疊，河僅容舠碧一灣。楊柳斷橋窺馬度，薜蘿幽徑見僧還。便將解綬同漁父，松月谿雲枕席間。

# 姚孫棐十九首

**姚孫棐**　字純甫，號戊生，崇禎庚辰進士，官東陽知縣、兵部主事，有戊生詩集。潘蜀藻曰：『公令東陽，值許都之亂。公招募義勇，躬冒矢石，斬馘無算，餘黨因而解散，事平抑功不敘，且以殺降譴罷。』郡志：『公歸後，力請革區頭之役，議南米專責糧官，合邑公均解費，邑令爲申請報可，民歌舞延祝焉。』方坦庵戊生詩集序曰：『用衆而不徇，秉孤而不僉。惟其真，則不與時俗爭榮枯；惟其正，則不與牛蛇爭譎約。』姚氏先德傳：『公由東陽擢職方主事，南渡時告歸，自號㮸道人，作傳曰：㮸七歲知文，十歲學詩，三十餘而後成，仕五年而廢。

性好名山水，所涉歷輒裴回不能去。性卞急，少容忍，有逆於心，必銜於口，過輒忘之，胸無宿怨，以是容於人焉。』姚端恪與王西樵書曰：『桐城東南濱河，西北負山，亦園直郭西，小有樓閣亭榭之屬。桐盛時，郭西多名園，先大夫曰：「吾亦園耳，故名。」其後寇攻城，園悉燬。先大夫後自浙歸，乃構茅屋數椽於頌嘉嶺。先大夫每言：「我寧爲樗，不爲芝。」自號樗道人。』

## 白叔明宅醉杏花

晨起雙眸豁，窗罅透朝陽。新晴貴柔緩，漸令花氣揚。結侶過山來，醉日杏千章〔一〕。傾尊事崇飲，藉草共命觴〔二〕。惠風散林端，平湖波影長〔三〕。麥疇已青青，柳絲何悠颺〔四〕。不因積時晦〔五〕，焉知霽日長？揮手謝來侶〔六〕，兹樂安可忘。

**校記**：〔一〕『醉日』句下，龍眠風雅有『我心如花心，爽發無覆藏』。〔二〕『傾尊』二句，龍眠風雅作『呼尊事崇飲，高人聚一堂』，下有『酣餘覓芳徑，借草重命觴』。〔三〕『平湖』句，龍眠風雅作『花人酒共香』。〔四〕『何悠颺』，龍眠風雅作『間綠黄』。句下有『色色皆生動，爲化助景光』。〔五〕『積時晦』，龍眠風雅作『晦積時』。〔六〕『揮』，龍眠風雅作『拜』；『來侶』作『花神』。

## 夏興 四首之一

夙尚寄林泉，學仕空顛倒。頽齡倦知還，藏身以爲寶。叢薄雉不驚，潛鱗欣在藻。翛然〔一〕山中人，蓬蓽怡襟抱〔二〕。

校記：〔一〕『翛然』，龍眠風雅作『則知』。〔二〕『蓬蓽』句後，龍眠風雅尚有『北窗小眠餘，初出邯鄲道。茶烹澗汲新，風爲人閒好。竹連雲作陰，階倩鵜耘草。或吟陶與謝，或讀莊與老。此外何所營？三杯圖軟飽』。

## 都門過水關共憩還碧亭方肅之沽酒小酌

馬頭十尺飛塵土，天爲幽尋灑微雨。菁葱〔一〕灌木幾千章，間泄炊烟縈素縷。朋輩辭諠出國門，緩步相將遵岸滸〔二〕。蒹葭搖風水面來，禾長疏塍連宿渚〔三〕。一枝帘挂曲楊邊，解錢買酒亭陰午。

校記：〔一〕『菁葱』，龍眠風雅作『入望』。〔二〕『朋輩』句，龍眠風雅作『意中辭喧釋重負，同儕緩步遵水滸』。〔三〕『禾長』句，龍眠風雅作『似與南人作賓主』。下有『禾長疏塍青尚柔，蘚沼老岸綠成古。耳目若置城西隅，朝昏繪出林水譜』。

## 謁竇將軍祠

城西遥眺雲山秀，萬井烟光相輻輳。回首當年保障功，至今猶説將軍竇。將軍猶是行伍人，豈位中參與戎右。在桐纔經三宿耳，孰爲知己誰親媾。一朝蹈死全危城，遂令孤桐禦强寇。當年富貴豈無人，誰奮結纓甘免胄。將軍義勇皎日星，只今山城崇俎豆。鏗鐘發鼓薦馨香，神之來思擁烟樹。

## 張侶仲惠酒榼〔一〕

飫此壺飧味，分從苜蓿盤。杯光纔向滿，夜色已辭寒。官冷腸偏熱，顔酡旅亦歡。坐深承酒力，忽忽寺鐘殘。

**校記：**〔一〕龍眠風雅詩題作張侶仲先生惠酒榼却謝。

## 廣陵正月十六夜汪紀常招飲

寂坐安貧旅，招攜杖屨輕。雲將微月送，燈續昨宵明。尊酒酣中夕，笙歌夾兩城。桃花千尺水，如此故人情。

## 草堂雜詠 六首之一

信步紆回路，溪聲逐杖藜。石將群壑界，松與雨峰齊。捲幔香浮坐，留賓菜剪畦。清幽〔一〕山水致，話久日沉西〔二〕。

校記：〔一〕「幽」，龍眠風雅作「閒」。〔二〕「話久」句，龍眠風雅作「話到日移西」。

## 鎮江舟曉

夢覺雞初唱，蘧蘧江上身。柝聲猶帶夜，帆影已侵晨。霧重秋光斂，潮生寒氣新。微風送清響，北固曉鐘頻。

## 寓中得文然都門書

南北懸懸夕復晨，迢遥忽爾獲雙鱗。經年官秩三年望，两字平安一字貧。浪跡江干空作客，關心燕市未歸人。倚閭較我情尤迫，再爲封題寄汝親。

## 僦居 四首之一

晚來山氣共烟籠，入望湖光隱躍中。峰石巃嵸遲見月，竹松交互易爲風。即今食藿無長策，便欲誅茅鮮近功。不設藩籬堪〔一〕偃息，何須避世在牆東。

校記：〔一〕「藩籬堪」，龍眠風雅作「籬垣聊」。

## 雨愁

晨起窺窗日出曾，漫空烟霧正飛騰。花經雨作無情别，寒與春爲耐久朋。屐齒頻諠眠莫穩，爐香帶溼篆難升。愁中欲擬登高去，竹杖芒鞋病未能。

## 孫魯山貽山園新茶

俱理山中薜荔裳，多君勝事在茶筐。紫茸手焙調生熟，白絹函題寄色香。活火煮泉魚眼沸，小瓷注液乳花嘗。醒餘午後神都爽，蝴蝶休教繞竹牀。

魯山公宦遊時，得異茶子植之龍眠山之椒園，由是椒園茶與顧渚蒙頂並稱，舊植今猶存百餘株，精茗事者皆珍異之。

## 方坦庵至寧古塔近況〔一〕

使者因聲及遠天，細詢起處更依然。鬢猶如戟惟添雪，詩可忘愁似涌泉。漸有江濤傳鴨緑，幾曾山色類龍眠。由來名士多荒譴，見説潮陽路八千。

校記：〔一〕龍眠風雅詩題作方使至自寧古塔詢坦庵近況。

## 出山赴吴湯日之招同方夢名江向若夏廣生戴孟庵賦

敢曰烟霞僻，逃諠且逗遛。晚花初笋〔一〕好，曲徑小池幽。柳色浮檐畔，溪聲到枕頭。款扉勞遠訊，躡屐就新篘。坐集香山老，談傾稷下儔。佳詩珠在篋，藏茗碧盈甌。間〔二〕甃延蒼蘚，鄰牆出絳榴。月盈〔三〕將挂鏡，雲淡不成樓。移〔四〕席高然炬，深杯確點籌。問年驚蟋蟀，閲世等蜉蝣。名理鎔三教，卮言獵九丘。得觴何弗舉，有轄即〔五〕須投。洵可稱良暇，於焉叶應求。行吟猶未已，天漢共悠悠。

校記：〔一〕『笋』據龍眠風雅補。〔二〕『間』，龍眠風雅作『閒』。〔三〕『盈』，龍眠風雅作『升』。〔四〕

「移」，龍眠風雅作「稱」。〔五〕「即」，龍眠風雅作「豈」。

## 月望

清暉〔一〕懸正滿，皓皓鑒羅幃。所願人如月，常憐三五時。

校記：〔一〕「清暉」，龍眠風雅作「夜光」。

## 門人盛念平雨中邀飲南湖

過橋緩緩暫停舟，入望湖光雨際秋。漁艇半依菱葉渚，人家多在荳花洲。

## 紅梅載雪

大白堆成樹有光，疏枝耐凍綴紅香。水晶盒内珊瑚子，應在朱顏玉手傍。

### 寓中偶題

江湖襟帶中吴地，瓶笠飄摇久客居。笑我空彈馮子鋏，鮨魚上市又鰣魚。

### 官橋鎮聞新蟬

夾道高槐生古陰，茅村染緑畫沉沉。新蟬鼓翼依林〔一〕葉，猶怯長風作小吟。

校記：〔一〕『依林』，龍眠風雅作『深依』。

## 姚孫森十一首

**姚孫森** 字繩先，號珠樹，之騏子，天啟甲子副榜，崇禎乙亥舉賢良方正，後官龍泉訓導，有可處堂集。江南通志：『博學有文名，尤工於詩。甲戌寇亂，請兵討賊，城賴以安。乙亥賊圍桐，又協守令捍禦有功，以薦官龍泉訓導。』張文端集姚珠樹公傳：『公文章、經濟、氣誼、識量皆光明駿偉，性豪邁不羈。初不治家人生産，留心當世事，講習兵家防禦之策。值賊張獻忠三圍桐，公與守令同心守禦，卒以無恙。少與方宫詹八人爲友，稱「八俊」。其爲詩宗法少陵，而命意選詞機杼仍由己出。』錢田間集姚珠樹詩引：『公翩翩佳公子，文采風流，所至引爲上客，性豪舉，時置酒徵客，坐常滿焉。爲詩初學竟陵，體喜刻露，久乃漸臻高老，要以性情爲主，不襲王、李膚調。』方樓岡可處堂詩集序：『先生天姿高邁，丰采奕然，於書無所不窺，詩文無所不能，與人交無城府，爲諸生祭酒者三十餘年，而數不偶，中年官廣文，又不終其志。先君嘗曰：「姚子之多才博學而不顯，又非上壽，天殆留餘於其子孫耶！」今彦昭明經第一、經三成名進士，非其驗歟！』

## 送謝孺玉魯玉任仙孟劉阮仙還楚

男兒重意氣，結交在賢豪。抗懷〔一〕千古心，款款常見招。與君爲兄弟，綢繆等同胞。所憾異形骸，況乃萬里遥。别君正炎夏，道路亦何勞。斑騅悲自鳴，黄鳥慘不嬌。悠悠憶河梁，脉脉同深〔二〕宵。寸衷〔三〕苟不渝，令德慎所標。

校記：〔一〕『抗懷』，龍眠風雅作『滌蕩』。〔二〕『深』，龍眠風雅作『此』。〔三〕『衷』，龍眠風雅作『腸』。

## 北歸　四首之一

征裝何所有？數卷未盈車。貧比去時甚，愁從到日加。婢炊旋糴米，僮煮隔年茶。鄉國方多故，安居敢怨嗟？

## 客中除夕

故國當今日，閨人還倚扉。此時猶不至，始擬未曾歸。忍淚供生菜，多愁任敝衣。應難獨守歲，憑夢出深幃。

## 生生庵

太守前朝彦，爲官最有聲。鑿山依古刹，結宇對高城。樹欲留春色，池能適物情。亂餘常怖死，竟日坐生生。

## 月夜渡江歸自京師

江晚風偏急，烟波一棹還。攜來新月色，分照故人顔。花路積梅雨，春衣生蘚斑。熏香理舊帙，宜負半秋閒。

## 謝孺玉欲之湖上詩以留之

把酒論文興正賒，何堪遽泛剡溪艖？秦淮河畔月方滿，西子湖邊蓮〔一〕尚花。可念〔二〕誼深烽火日，須知〔三〕名重蕊珠華。萍蹤遭際艱難甚，隨處烟波可當家。

**校記：**〔一〕「蓮」，龍眠風雅作「秋」。〔二〕「可念」，龍眠風雅作「奕世」。〔三〕「須知」，龍眠風雅作「中原」。

## 雨後畫溪待月

曲曲園林傍水涯，尋幽恰值日將斜。山逢静夜能留月，池貯輕舠可當家。野吹凉生經雨竹，疏鐘敲落受風花。狂歌醉倒忘歸路，卧聽哀蟬噪晚霞。

## 山中雨夜東方時生訂剩山遊期

雨過閒庭樹影鋪，横空烟色冷平蕪。一泓流水自清淺，幾曲青山半有無。交爲情真翻似淡〔一〕，夜添僧伴愈成孤。朝來試看新晴路，竹杖猶堪〔二〕石上扶。

校記：〔一〕「淡」，龍眠風雅作「隔」。〔二〕「猶堪」，龍眠風雅作「鏗鏗」。

## 樓　望

江風吹雨入林端，野色都從户裏看。一榻三秋黄葉積，千峰雙屐白雲寒。春過北固花纔放，花〔一〕壓東籬菊又殘。何事柴門歸約負，半肩行李欲挑難。

校記：〔一〕『花』，龍眠風雅作『霜』。

## 中秋同許就五徐山谷泛舟　集杜

湖南爲客動經春，花底山蜂趁遠人。看弄漁舟移白日，天涯風俗自相親。

璈按：先生可處堂詩選外，有集杜詩一卷，兹録一首以見全璧，至詩集中佳句，如『一徑落花片，殘香流水痕』；『寒花匝地香千樹，野鵲啼春月一林』；『兩屐名山歸筆墨，一春生計羡樵漁』；『有子能吟供唱和，與奴閒話當寒温』；『春光九十花應老，江路三千月再圓』；『老農自荷鋤吟客，仄徑翻嫌車累人』；『千峰争送三春雨，一日常經四序天』，皆朗俊可誦。

## 六　橋　湖上同錢幼光作。　十九首之一

經年故國無消息，五兩輕舠可當家。莫怨春歸花事盡，緑陰如蓋勝如〔一〕花。

校記：〔一〕『如』，龍眠風雅作『於』。

## 姚孫柱一首

**姚孫柱** 字砥中，明末諸生，有世麟堂集。

### 郡城晤韋佩三〔一〕

每思握手大江東，消息三年不易通。今日偶同吟眺處，明朝又是別離中。無端戎馬悲何極，有待功名遇總窮。一水盈盈勞目送，素心期與古人同。

校記：〔一〕龍眠風雅詩題作與韋佩三别已三年今得相晤於郡城次日即别去。

## 姚孫枚十三首

**姚孫枚** 字元公，號仁山，有白鹿山樵詩集。姚氏家傳：『先生康熙間舉賢良方正，未就，隱居龍眠，教授生徒，自號「西峰處士」。督理家政，清正，爲族望，著有子史辨正、七經經義考、文集。』

## 讀史 十首之二

權奸竊國柄，威福乃横施。大惡皆釀成，人苦不自知。抑之既無術，嫉之無已時。羽翼既待張，擯排以激之。此亦愛功名，安肯爲人羈。一朝羅網投，相報猶恐遲。我觀昔奸雄，才皆大有爲。措置諸疑難，往往多精思。釋怨而器使，未必敗所司。忠奸本異軌，改轍直挾私。薦舉者何人，排斥者爲誰。怖以斧鉞威，報之黨人碑。

奸雄有可用之材，自不宜没其所長。從古權奸之禍，始則養之，繼則激之。明道所謂『新法之行，亦吾輩有以激成之也』。明季若東林、復社，黨同伐異，豈皆至公挾私云云。諸君子亦應俯首。

天心本好生，有時庇不仁。遂令急名者，中道喪其真。清濁自殊流，功罪豈異身。君子性嫉惡，疾風颷飛塵。小人附君子，殺人以媚人。冠裳别門户，流毒及細民。相驅蹈禍機，耽之若飲醇。遺臭與流芳，竹帛千年新。富貴不常保，胡爲争要津？吾意在去私，臨事毋因循。黨君子小人，黨小人賊臣。

前云『挾私』，此云『去私』，爲東林諸君子痛下針砭，先生目擊明季黨禍之烈，故言之沉警，痛快如此！

## 烟寺曉鐘

泉幽咽，星明滅，杜鵑啼處餘殘月。冥冥漠漠松杉風，晴雲斷續群峰列。萬象無聲塵慮絶，歷歷鐘聲度清越。

## 行路難 三首之一

上書千言不見收，出門千里不知愁。長安大道無休息，江漢茫茫日夜流。亂離將軍經百戰，世平徒爲書生賤。人情翻覆能幾何，暗擲年華君不見。古今是非敗與成，罪魁功首欲同盟。雄豪事業等閒盡，誰靖中原鼎沸聲？

## 出郭

两月罷山行，春歸始出城。滿堤楊柳樹，一片杜鵑聲。麥長因朝雨，花開趁晚晴。田園吾素志，從此事躬耕。

## 無　題　八首之一

到來殘月上簾櫳，知在闌干第幾重。鷃鵡唤人新睡起，鴛鴦織字舊題封。碧紗窗外歌聲小，紅藕舟中酒氣穠。最是關情腸斷處，他鄉寂寞五更鐘。

## 思　隱

結茅期與遠山齊，草護籬根竹滿堤。野鳥調簧春氣早，牧人横笛夕陽低。書臨蜀素烟浮雪，酒貯吴瓶香剖泥。他日王喬如借問，萬花溪畔石橋西。

## 雨中訪友人

柴門深掩静無驚，黎杖衝泥日暮行。千樹受風雲影亂，一泓過雨月痕生。交因貧賤情逾熾，話到功名意已平。征馬且歸廛市去，來朝未許向人鳴。

## 偕張子蓺李尚賢過林庵 四首之一

路鼓春草步行徐，滿目山陰道不如。行過水邊尋鹿跡，看多花處問僧居。麥隨晴隴青高下，蕉出危牆綠捲舒。人待夕陽門半啟，共邀新月上階除。

附摘句：無題：『寒生錦茜芙蓉幕，響墮香篝茉莉簪。』題畫：『湘浦欲留仙子珮，羅敷不作使君吟。』頌嘉堂：『移座近山青到眼，隔村呼酒翠盈巵。』逢張鍾陽：『人來燕市真如夢，雁過天南未有書。』輓嵩肇：『天殊難問三聲嘆，地可埋愁五尺墳。』秋夜：『芰荷水上鴛鴦夢，瓜豆棚邊絡緯聲。』秋色：『寒草青留山薜荔，野花紅盡末芙蓉。』

## 匣鏡

匣有秦宮鏡，韜藏十五春。恐憎愁面目，不敢數相親。

## 愁詩

執手與君語，纏綿生我憂。君手執易熱，君心去不留。

## 閨怨

郎心輕風波，歲歲他鄉住。昨從三峽歸，又問瞿塘路。

## 登古投子寺藏經閣

倦遊山寺興消磨，晚惜林泉憩澗阿。鶗鴂唤人芳草歇，田間猶聽踏春歌。

# 姚孫植一首

**姚孫植** 字建木，崇禎間諸生，有槐蔭軒詩集。

## 秋日江行

秋江空返櫂，觸事有餘酸。草盡疑山瘦，風高覺日寒。浪崖翻岸白〔一〕，霜染樹林丹。借問長年者，經行又幾灘？

校記：〔一〕『浪崖』句，龍眠風雅作『浪翻漁艇急』。

# 姚康十首

**姚康** 原名士晉，字康伯，號休那，萬曆末諸生，有掌慧堂集。姚夢榖集姚休那墓表：『先生爲白苓姚氏，明諸生，屈於場屋。里中何文端延爲客數年，適文端被召，先生見時不可爲，題卧猿圖以諷，文端遂稱病不赴。改革後，屏居田野，鬱邑悲傷，作忍死録以紀其家四世事。』吴道軾姚休那壽序：『休那志介行方，何相國賢而慕之，兵憲史公敦古誼，初枉就見，不得見焉。』吴德旋聞見録：『姚休那有雋才卓識，何相國如寵爲吴江周忠愍墓誌爲世稱誦，出休那手。後入史忠正幕中，代史公爲檄文，亦多爲世所稱，有評貨殖傳、黄巢傳刊行於世。』方密之貨殖傳題詞：『休那先生平淡寡營，爲人狷而狂，能自遣而不傲於物。何芝岳相國極重之，然一無所干，時時讀書，偶有所著，發詞儻遢。先祖廷尉公亦時稱之，愛其人也。』潘蜀藻曰：『先生專精經史，肆力於詩、古文辭，以天下多故，不求仕進。崇禎中有以賢良方正薦者，辭不赴。史閣部延爲記室，旋歸里，不與揚州之難。所著有紅亭本草、籌績堂稿、宋史改本、太白劍、詩文集。』郡志：『康爲詩獨出機杼，不襲三唐；古文辭縱横奇肆，汪汪千頃。所慕效尤在弇州，故詩有「弇州夢斷見吾衰」之句。』

## 舟中觀弈

櫂入三千浪，枰開百二州。幾行盤雁字，一戰割鴻溝。世界浮家闊，風帆坐隱收。贏輸千古事，誰問海東流。

## 清明後至弟墓

地下今安否？人間竟有斯。更無天可問，只有死堪祈。急難懷兄弟，飄零感歲時。清明寒食事，自此或愆期。

## 漁釣翁

華髮蕭蕭雪滿頭，平生無計覓封〔一〕侯。百花潭上三間屋，萬里橋西一釣舟。短笠輕衫〔二〕烟雨曉，白蘋紅蓼海天秋。醉來懶把羊裘著，怕有君王物色求。

**校記：**〔一〕『封』，龍眠風雅作『王』。〔二〕『衫』，龍眠風雅作『蓑』。

## 答何令遠

白頭無可副春妍，痛飲清言總病緣。人事盈虛如置閏，文心甘苦自因年。相看東野投金瀨，爲憶西崑暖玉田。枕上得承詩句好，長門幽恨亦嫣然。

## 寄方爾止

人事天心總亂絲，高陽猶自酒成池。醉中竟失雷驚耳，別後頻經火到眉。避世貧無三窟想，借君讀補七分詩。憑將此意留〔一〕公案，尚似旗亭貰酒時。

兀寡之氣，噴薄紙上。

**校記**：〔一〕『留』，龍眠風雅作『存』。

## 金山即事

秋風殘暑未全消，望裏烟波咫尺遥。北固山回常帶郭，東來江闊更迎潮。千尋倒影樓臺動，一抹蒼烟潋浦摇。落日空廊涼吹滿，暫辭塵上對清霄。

三、四對屬，精切變化。

## 戲作　五首之一

世無武陵漁，安知秦可避。桃源雖不開，祇園幸不閉。

## 題丁蘭廟

秋風江上客衣單，天路何由借羽翰？一日三公無換理，憑將此意問丁蘭。

## 閨　怨　隨園詩話選

分明賺得兩眉開，手折黄花上鏡臺。侍女無端忙報道，鄰家昨夜遠人回。

## 哭猶子西曙　十七首之一

賦成幾得叫天閽，偏以修文去者繁。地下論文超六代，時時上品到〔一〕寒門。

**校記：**〔一〕「到」，龍眠風雅作「選」。

# 姚文然十三首

**姚文然**　字若侯，號龍懷，崇禎癸未進士。國朝順治間薦授給諫，累仕至刑部尚書，謚端恪，有虛直軒集。潘蜀藻曰：『公成進士，改庶吉士。甲申之變投繯，家人救之，甦焉。』徐秉義序公集曰：『公受特達知，每事必竭其智，及歷省垣，統刑憲，爲朝廷肅綱紀之權，洽好生之德。於家庭，則承歡色笑，五十而孺慕依然。於朋友則相長相親，久要而臭蘭無間。蓋至性所注，充滿於倫物，溢而爲文章，長篇短牘，莫不有固結不可解之性情寓乎其中。』韓菼序虛直軒集曰：『吾師姚端恪公自入仕，任言責，後爲上卿，所歷皆法官，於國家利害、吏治得失、民生休戚，知無不言，言無不當，尤矜恤民命，所建白皆天下大計，平居一言一語皆可書垂帶，暇時爲歌詩甚富，藴藉醇厚，有古風。』王士禛池北偶談：『桐城姚端恪公真實經濟人也，其好生之念尤出於天性，拈句云：「常覺眼前生意滿，須知世上苦人多。」命子姪書之於壁。戊子典試山左，得先考功兄卷異之，曰：「他日必爲風雅名家。」』潘蜀藻曰：『公典山東試及癸丑會試總裁，皆稱得士。居鄉樂易謙厚，造福宏多，至今里人歌思之。』魏象樞誌公墓曰：『前有直言敢諫之節，後有明刑弼教之誠。入則孝友忠厚，世其家；出則睦姻任恤，行其志。一身生天地間，如太和元氣充滿宇宙而無乎不至。』張文端篤素堂集祭公文曰：

『公生世胄之家，負惇明惇厚之質。少以文章顯，晚以功業著。平生爲善之心，如飢之於食，渴之於飲。其憂人之憂，急人之急，數十年如一日。』璈按：公詩發於性真，如輓朱二句：『對人豪氣盡，淪世苦心多。』喜晤王敬哉句：『可憐碧海桑三變，不待金城柳十圍。』至哭慈親句：『兒能强飯渾無恙，母若含飴尚復來。』幾令讀者同蓼莪之悲矣！裔孫瑩曰：『先端恪公爲諸生即自刻苦，及貴後終身布帷蔬食，獨汲汲於振恤之誼。每禄入分爲數分，一以待姻友中孤獨無依，一以待貧族婚嫁卒葬，一以周鄰里鄉黨，一以待間有舉行之事。訓子弟每以安命讀書爲本，嘗曰：「士子中式如男女婚嫁耳，其歌偕老，詠斯男幸矣。其不幸而傷中冓，賦緑衣、詠柏舟者豈少哉！」公卒於京師之夕，里中有大星隕於居宅。詔賜祭葬，諭碑有云「履重任而彌處以小心，持大體而不遺乎細故」，可以盡公之生平矣。』

## 擬古二首

蕭蕭庭葉下，遥遥秋夜長。泠泠空房深，熒熒寒燈光。寂寂一佳人，纖纖治衣裳。穿針猶未達，含淚思他鄉〔一〕。深閨薰蘭蕙〔二〕，遠道多風霜〔三〕。君恩若平生，薄命妾所當。安得〔四〕託青鳥，舉翼一相將。

明月何遲遲，徘徊照我堂。斗帳縱横垂，仿佛有餘光。搴帷起太息，曳履步東厢。仰視牛女星，煢煢限河梁。人生百年中，別離安可常。灼灼桃李姿，顧盼成秋霜。如何秦氏女，雙驂鸞〔五〕鳳翔。

校記：〔一〕『含淚』句，龍眠風雅、姚詩集均作『淚下已盈眶』；下有『棄置笥篋中，拭淚起彷徨』。〔二〕『深閨』句，龍眠風雅、姚詩集均作『復憂針線稀』。〔三〕『遠道』句後，龍眠風雅、姚詩集均有『遲遲熨貼平，薰以蘭蕙香』。〔四〕『得』，龍眠風雅、姚詩集均作『能』。〔五〕『驂鸞』，姚詩集作『雙驂』。

## 偶吟

古人牆樹桑，今人籬種菊。樹桑可光軀，種菊但娱目。生男莫願多，多男莫教讀。儒冠半饑寒，宦途頻寵辱。廉吏使親貧〔一〕，貪吏使親哭。東鄰田舍翁，有子百無欲。長子把鋤犁，歲入號〔二〕百斛。仲子擔負〔三〕薪，城歸挂魚肉。三子略知〔四〕書，下筆五與六。幼子無所爲，鞦韆摇古木。稻場午喚〔五〕雞，松嶺宵驅犢。老嫗早飯香，衰〔六〕翁春睡足。笑指雪漫山，仰頭坐茅屋。

耕田養親，淳淳悶悶，固異於仕宦馳驅爲禄養者，此詩與唐薛陶臣鄰相反行同意，讀之令人神往。

校記：〔一〕「貧」，龍眠風雅作「蓽」。〔二〕「號」，龍眠風雅作「秔」。〔三〕「擔負」，龍眠風雅作「一擔」。〔四〕「知」，龍眠風雅作「學」。〔五〕「喚」，龍眠風雅作「護」。〔六〕「衰」，龍眠風雅作「此」。

## 黄陂丞歌當古雁門太守行

自注：余姑夫夏公統春以保舉，授黄陂縣丞，黄人惠之，城陷不屈，死未請恤而京師不守，余懼其事久而湮也，追作歌紀之。

崇禎帝在時，黄陂丞夏君。本自桐鄉〔一〕諸生，少篤孝弟，通達五經。一解

家世〔二〕良吏，爲桐所稱〔三〕。應舉賢良方正，恪共官職。乳哺百姓，惠我黄人。二解

賊圍我黄城〔四〕，城圮隍湮。雲梯樓〔五〕車，百道齊登。君正衣冠，誓殉以身。三解

賊曰爾降，爾侯爾卿〔六〕。爾不降者，爾斮爾烹〔七〕！公立公廷〔八〕，張目而瞋。劓鼻割舌，至死罵不絶聲。四解

公死事未上，賊陷神京。公卿載道，稽首賊前稱臣。嗟爾殉國，黄陂縣丞。五解〔九〕

直起直住，敘事述語，脱手如生。此漢魏樂府正宗，不似描畫頭角者，競稱仿古，實無古形者存也。

校記：〔一〕「桐鄉」，龍眠風雅作「皖郡桐城」。〔二〕「世」，龍眠風雅作「循」。〔三〕「稱」，龍眠風雅作「推」。〔四〕「城」，龍眠風雅無。〔五〕「樓」，龍眠風雅作「衝」。〔六〕「賊曰」句，龍眠風雅作「賊曰降，爾印爾

綫』。〔七〕『爾不』句，龍眠風雅作『曰不爾，爾鼎爾鑊』。〔八〕『公立』句，龍眠風雅作『君挺立公亭，劓鼻割舌』。〔九〕『五解』，龍眠風雅作『身無餘膚，歿無寸棺。中丞聞訃，失箸停餐。賻俸錢二萬，歸孥江南』。

## 思婦詞效初唐體

廣陵曲巷，忽聽琴音淒斷，異而詢之，則新嫠也，于歸未期而寡，投繯誓殉，氣絶復甦，其父母逼之，遂致再適，予聞而悲之，遂作此篇。

高樓有女拂金徽，珠淚涔涔奏楚妃。鴛鴦池〔一〕上原雙宿，燕子樓前遂〔二〕獨飛。憶昨〔三〕初嫁貼花黃，二八郎君共曲房。捲鏡手開菱碧〔四〕匣，畫眉邀近鬱金牀〔五〕。郎君一去悲黃鵠，嬴女宵停棲鳳曲。寶髻如雲不欲梳〔六〕，紗窗映日爲誰緑。妾時攬淚誓〔七〕從君，手繫雕梁白練裙。不見馬嵬銷麗〔八〕骨，可憐巫峽返春〔九〕雲。一自歸甯心事阻，貧家鞠女空辛苦。高堂白髮垂如霜，賤妾紅顏淚如雨。妾心一日九回輪，欲報親恩敢顧身。鸞袖欲揚懷舊穴，蛾眉重掃事新人。新人珠箔璇閨裏〔十〕，寶瑟銀箏鳴北里〔十一〕。青陵臺上鳥雙棲，白玉堂前燕新壘〔十二〕。可憐哀樂盡芳年，徒向雲鬟整翠鈿。淚落桃花難共語，斷腸惟訴續膠絃〔十三〕。

意致婉曲，情詞悽惋，在爾時可與梅村頡頏，至其棖觸之懷，長歌當哭，所謂欲墜之葉，無假烈風，將隕之涕，不煩哀響者，後之人讀其詩，可以察其志焉。

**校記：**〔一〕『池』，龍眠風雅作『冢』。〔二〕『遂』，龍眠風雅作『本』。〔三〕『昨』，龍眠風雅作『時』。〔四〕『菱碧』，龍眠風雅作『雕玉』。〔五〕『畫眉』句下，龍眠風雅有『妾亦青春花可憐，明妝澹掃豔神仙。松蘿千歲驚風折，蒲柳三春擲水眠』。〔六〕『寶髻』句，龍眠風雅作『寶鏡如冰不敢開』。〔七〕『誓』，龍眠風雅作『一』。〔八〕『麗』，龍眠風雅作『玉』。〔九〕『春』，龍眠風雅作『香』。〔十〕『璇閨裏』，龍眠風雅作『掩璇閨』。〔十一〕『鳴北里』，龍眠風雅作『暗苦悽』。〔十二〕『青陵』二句，龍眠風雅作『青陵臺上梧桐樹，千年猶説仲卿妻』。〔十三〕龍眠風雅無後四句。

## 客有言甯武關周將軍遇吉事者作歌以誌

甯武關前賊騎逸，甯武將軍披甲出。壯士身當百戰餘，小臣誓守孤城畢。積骸棄甲與城齊，城邊飛騎踏如泥。將軍死戰雲梯側，血污鐵衣歸不得。賊騎城中血洗刀，夫人初著錦戰袍。矢房箭〔一〕盡弓弦絶，手揮雙劍如刈蒿〔二〕。歸向高樓縱火死，白虹貫日暮烟紫。我爲忠烈歌國殤，招魂好侍鼎湖旁。

甯武將軍死，而大同宣府降書繼至，明社以屋矣。周公夫人氏劉事詳本傳，而傳奇載其太夫人死烈，未知何據也。

**校記：**〔一〕『箭』，龍眠風雅、姚詩集均作『蒲』。〔二〕『雙』，龍眠風雅、姚詩集均作『霜』；『刈』作

『剪』。

## 青溪月泛

誰家調玉笛？清切夜初分。垂手依簾立，焚香隔沼聞。縠衣驚夕露，羅袖動秋雲。明月高梁上，徘徊亦爲君。

## 宿冰持澹雲庵

絶巘盤孤殿，平軒拱萬岑。遥星銜岫上，皎月貫林深。衆籟此中息，微蟲間一吟。遠公寬酒律，攜醞許頻斟。

## 輓陳大士先生兼唁孝威逸少 二首之一

徙倚新亭望畫橈，吴宫風雨謾〔一〕蕭蕭。道周杕杜無消息，江上芙蓉久寂寥。一去但歌黄鵠曲，重〔二〕來難奏白雲謡。蒼茫烟水寒潮急，何處侯芭賦〔三〕大招。

**校記：**〔一〕『謾』，龍眠風雅、姚詩集均作『漫』，是。〔二〕『重』，龍眠風雅、姚詩集均作『復』。〔三〕『侯芭賦』，龍眠風雅、姚詩集均作『傳大可』。

## 同潛硅宿百史署中話舊泫然久之〔一〕

雨閣風燈影動摇，舊遊回首倍蕭條。三年重酌荆卿酒，萬里憐吹伍員簫。二〔二〕署餘生還嘯詠，金門充隱羡魚樵〔三〕。尚思掩袂分攜地，凝碧烟寒罷早朝。

**校記：**〔一〕龍眠風雅詩題作同潛柱宿百史年執署酒中話舊泫然久之分得五字。〔二〕『二』，龍眠風雅作『玉』。〔三〕『充』，龍眠風雅作『大』；『羡』作『即』。

## 送吴鹿友相國視師楚中

中台常傍紫薇低，忽聽元戎甲仗齊。只擬謝安遊别墅，重勞裴度慰〔一〕淮西。玉龍出匣芙蓉耀〔二〕，鐵駟穿營楊柳迷。此日服成剛〔三〕六月，先聲應震白銅鞮。

校記：〔一〕『慰』，龍眠風雅作『閱』。〔二〕『耀』，龍眠風雅作『亂』。〔三〕『剛』，龍眠風雅作『正』。

## 寄王貽上 時司李揚州。

博士風流馬繫階，謂令兄西樵。揚州東閣酒如淮。後來不盡烏衣秀，曩昔徒知法護佳。西樵爲予所取士。墨妙春風揮判牘，詠懷涼月步官齋。山人十載真焚硯，此日行吟破竹鞋。

## 喜韓心康擢順天巡撫 韓爲前蒲州相國爌之十曾孫，十歲即能試清漢字。

中條相國舊清門，馮翊新看節制尊。争羡登壇三十少，久傳升座半千孫。朝天走馬雲旗簇，饗士臨〔一〕邊雪帳温。漸喜郵亭枹鼓靖〔二〕，行人單〔三〕騎夕陽村。

校記：〔一〕『臨』，龍眠風雅、姚詩集均作『乘』。〔二〕『郵』，龍眠風雅、姚詩集均作『都』；『靖』作『歇』。〔三〕『單』，龍眠風雅、姚詩集均作『獨』。

# 姚文燮二十九首

**姚文燮** 字經三，號羹湖，順治己亥進士，官開化同知，有黄蘗山房集。先生自序其詩曰：『詩者，才情理法也，兼之而後成，蓋情至而法見焉。情能藏法，法能宣情。抑惟才能用情與法。古今未有詩人而不能窮理者，抑未有不爲才人而能爲詩人者。』潘蜀藻曰：『羹湖爲吏，治繁理劇，設施裕如。其詩文書畫皆獨闢堂奧，冠絕流輩，嘗欲表章里中前賢，爲龍眠詩傳之選，旁搜博采，盡枌榆之勝，後以宦遊不果，而余得藉手以告成事。所著有雄山草、滇遊草、薙簏吟、羹湖詩選、黃柏山房集。』劉崑羹湖詩選序：『余髫時於龍眠姚氏耳珠樹先生名甚高，後復聞有二姚，則姚子經三，以珠樹先生爲之父，彥昭爲之兄也。一門之才，不減建安父子、平原昆弟矣。』錢田間集姚經三詩序：『經三於諸家體無不學，盡態極妍，尤工爲豔曲，流麗自喜，雖溫、李無以過之。近年乃斂華就實，漸造平淡。』施閏章羹湖詩選序：『經三亭亭玉立，驚才絕學，談論雄辨，於天下國家利害，指掌籌畫，力爲己任。且揮毫染翰，馳駿挽强，無不欲一空今古，所爲詩樂府歌行、周秦鐘呂，宛然在焉，而意旨深遠溫厚，人莫能測其涯際，皆徵題繫事，不僅伐毛洗髓已也。五言古則深夜鼓琴，遠天倚笛，明月正高，南山欲出，三謝攜杖而前，五臣揮麈而退。近體及排律則主少陵，而銜官初、盛，奴隸中、晚，合十餘萬言，無一懈語。』王岱雄山草序：『先生識見高迥，思路幽峻，筆力挺拔，讀書萬卷，而務去陳言，無一語之由人，所謂漢、魏、晉、唐皆融鑄，奔赴於心腕間，不屑襲古而古自我作也。』張敦復黃柏山房詩序：『黃柏山房在龍眠內，青嶂稠疊，清溪縈洄。羹湖結屋，高卧其中。有時持齋寫經，有時飛觴朗吟，詩皆古調，畫亦入神。林壑烟雲供其驅使，山川靈氣奔走腕下，豪情逸韻，健筆奇懷，足以陵轢景光，發揮幽奥。』錢飲光黄蘗山房記：『黄蘗山一曰剩山，去城可十五里，蓋龍眠之奥區也。姚子（耕壺）〔羹湖〕構山居其中，爲梁沼亭軒，倚山而樓，前爲耕樂堂。』又龍眠詩録引：『姚子經三既成進士，歸，徵輯吾鄉前輩遺稿，選龍眠詩傳諸稿麢集，予因與較訂，録其尤者若干篇，姚子以爲隘也，未授之梓。』又昌谷詩集序：『經三謂昌谷雖險僻，其大指無異於少陵，因爲之註，官建甯時重刻之。』王士禛居易録：『桐城友人姚經三詩書畫皆有名，年六十餘，忽病不識字，醫者不知其何證也。』劉飛玉曰：『姚子經三文章器識俱爲東南雄。余嘗見其服輕裘，馳駿足，遍遊名公卿間，開眉戟手，談當世之務，旁若無人。天下士大夫無不奇經三者！其爲詩，於唐人中似三李，浩瀚似青蓮，瑰奇似長吉，蒨麗似義山，而要以少陵爲程度。』史遠公曰：『經三之詩，堂堂乎雲門之樂，昂昂然千里之駒也。驅策莊、騷而不見其迹，琢削李、杜而不見其痕。其神骨有超焉者也。』璈按：先生所輯龍眠詩傳，雖未付梓，要其蒐討之功，爲後來所借手者大矣。又如通雅、古事比諸書亦皆先生捐貲鋟木，至今流布海内，稱道弗衰。噫！當今世安得表彰舊蹟、推挹同輩如先生者，雖爲執鞭所忻慕焉。

# 擬古　四首之一

禦風思禦寇，逐日憐夸父。爲犧雖足憚，畏鵬一何腐。懷袖團扇涼，手握方枘□。清清翟公門，蕭蕭仲蔚户。前巖陵霄松，千年嘯風雨。上有黄鸝翔，幸未遭柯斧。時遇采芝人，素心共傾吐。明照深谷嘯，驚起南山虎。颯颯風雲生，吾亦與之伍。

# 詠懷

哲人重大觀，瞬息無古今。何用持斗酒，擊節徒自斟。風波理舟檝，大塊時陸沉。巧實爲拙謀，福適與禍尋。寶刀只自戕，空値千黄金。冥悟思遠託，上下千年心。

宫中羅名姝，海外求神仙。芳顔寧久春，大藥難長年。誰彈雍門琴，使我涕泗漣。惡死同弱喪，何術可自全。達人無所嬰，趣得道逾堅。物與物争役，我與我周旋。憂樂不相及，是非常醒然。聚訟從此折，貽我三百篇。

深得蒙莊指趣。

## 鐵索橋

絶岸輕一擲，身〔一〕命争絲毫。良冶鼓洪爐，始信煉石牢。鐵絙結危〔二〕繩，虚空凌危濤。天地不自主，終古鬼晝號。分明落深塹，置我萬仞高。六合已隔别，飛渡神工勞。青龍常〔三〕偃卧，蛇虺安足逃？驅石鞭出血，鶩拙嗤仙曹。

狀奇險之景洞心駭耳。

**校記：**〔一〕『身』，龍眠風雅作『性』。〔二〕『危』，龍眠風雅作『柔』。〔三〕『常』，龍眠風雅作『長』。

## 度關山

度關山，阻修復嶮巇。輪輻折，車莫支。骨肉相示呱呱啼，吞聲一何悲！虎豹蹲前，狐狸後窺。北雁南翔，來去有期。拭淚望故鄉，白日天漢杳杳，斧冰饑作糜。辛勤扶雙親，雙親危殆，征夫何以生爲？孝子不逾阪，羇臣勿登危。煌煌帝日月，衰骨胡顛隮？度關山那得不沾衣。去人日以多，未見去者歸。

奇古奥峭，逼近漢魏，不徒取材昌谷錦囊中也。

## 黔中謡　二首之一

三川失穴竄貴筑〔一〕，天遣黔黎京觀筑。殺人愈多天愈笑，燐火無光鬼不哭。軍中勸進王百越，促裝〔二〕帝衮建帝闕。南明河溢血髓流，貴州城内挑御溝。潰敗歸命急朝天，倉卒爇火大不然〔三〕。梁間呢喃舊巢燕，認是降王舊宫殿。

詠孫可望事，語奇崛，肖長吉者八九。

**校記**：〔一〕『筑』，龍眠風雅作『竹』。〔二〕『裝』，龍眠風雅作『製』。〔三〕『爇』，龍眠風雅作『放』；『大』作『火』。

## 蕭尺木過訪論畫法賦此謝之

畫畫切莫用畫筆，枯毫秃穎勢嵂崒。蘸墨乾皴莫皴溼，意到雲烟自横溢。先生臨池五十年，茹毫一萬八千日，置身古人無匹敵。波濤夜號鬼啾唧，神龍奔掣馬驚逸，出没造物難自必。古來畫師數董源，南宗獨推北苑尊，倪黄諸家皆後昆。各得一體名宋元，學問雖多宜挈要，一家自能集眾妙。小儒窮年死章句，飣餖剽竊貽譏笑〔一〕。我聞此論豁然悟，日月晴空捲烟霧。不必更走霜毫素，芒鞋布襪愁日暮。第於此中求神遇，玄訣恐觸真宰怒。

校記：〔一〕『譏』，龍眠風雅作『戮』。

## 昆明池行

昆明池在滇池西，清波萬頃環碧雞。菡萏香迎射紅玉，芙蓉影倒波琉璃。五華峰壓近華州，誰家彩鷁誰朱樓。明瑙光散簫鼓發，鸞鶴夜舞蛟龍浮。嵩明河陽三百里，止容酒舫同漁舟。高陽倒載渼陂醉，郎官西子湖光侔。采菱歌喉嬌鶯囀，銀泥裙濺香波淺。披襟漣漪足風流，圖畫山川非絶險。漢武雄心求身毒，廷臣各熾開邊欲。唐蒙侈言南越王，萬里提封高左纛。土褒奉祀歌南崖，馬卿乘傳誇西蜀。元狩宫中鑿劫灰，東方不答□西域。戈船樓櫓習水戰，石鯨笑舞秋風曲。以此夜郎遂小漢，茂陵千古□□□。全滇總無水戰鄉，金沙麗江通浮梁。張騫博望徒鑿空，支機載石尤荒唐。已盡坤軸斷鼇足，還欲天漢驚牛郎。

## 正始會集

姚越士、俞賡之、邵公南、胡寅公、徐伯調、陸敘伯、王子御、子用、尹錦公、姚子慎，暨諸同學招同劉星度、孫喈公、卧公、吴佩遠、蔣馭閎、丁抑之。

大雅今誰託？相期正始功。源傾三峽水，花掩六朝風。夜笛香雲駐，霜池古磵通。南皮傳盛事，吾道屬江東。

## 南園

張登子别業招同王汝一、宋既庭、葉星期、王冶山、宋楚鴻、葉元禮、孫喈公、朱錫鬯、孫卧公、胥蕙公、淩嵩生泛舟。

芳徑浄秋色，到來生遠心。樓平蘭渚近，門閉鑑湖深。畫舫藤艄繫，胡牀石角侵。意中雙蠟屐，今始踏雲林。

## 贈丁大聲兼柬殿生

亭爲草玄閉，樓因文選成。鶴回梅影午，鹿過藥苗平。白髮詩中老，青山雲外情。入林誇驥子，已亞步兵名。

## 方與三表兄過訪　十首之一

新命裁司李，慚聞説種花。孤城荒水淀，官舍寂漁家。樽倒桑乾釀，裝分穀雨芽。故人同粒米，宛在慰蒹葭。

## 將至鎮遠懷邱龍標

馬首别何處，花香五柞宫。夢深芳草路，書報荔枝紅。知己風塵似，遐方消息同。猶遲今夕月，不得慰飄蓬。

## 遊馬人〔一〕　四首之一

小徑路還捷，兼春幽趣多。竹林梢過樹，芋種葉欺荷。馴鹿牌懸項，藏蜂蜜滿窠。人家都倚石，茅屋半牽蘿。

校記：〔一〕龍眠風雅詩題作同遊馬人歸夜經范沖信宿山家來日便遊龍華。

## 道中雜詠　二十八首之一

一入桃源路，沙明峰影交。驛船飛渡馬，水洞暗藏蛟。危纜時穿樹，遥鐘想結茅。神仙多窟宅，句向白雲敲。

水遞以船代馬，閩粵多用之。

邵村署中招同姚天若宋大生侯嗣宗湯潤生唐載歌諸子即席限韻

送雪珂上人遊天台

龍湫虎阜三千里，東海西湖百尺藤。□□自爲文字友，宰官偏重水雲僧。寒江雪浪高如許，仙洞桃花開未曾。洗鉢衣裾尋勝蹟，懶從佛火乞傳燈。

張子藝納妾

學繡鴛鴦菡萏池，紫毫久寫竹枝辭。長將錦瑟依雲母，好譜新聲付雪兒。小像沉香熏玉腕，同心梔子結銀絲。星明金屋娟娟麗，分得珠光午夜時。

寄潛山周來公明府

小謝時從公瑾遊，印牀閒傍玉絃幽。西溪楊柳通樅水，南嶽芙蓉映石樓。百里暫看龍夭矯，五雲獨去鳥鈎輈。何人更覓孫陽顧，肯使黄金駿骨收。

## 常德

水樹環城映淺沙，春申故宅楚雲遮。群烏還集溪邊樹，五馬常行洞口花。笏拄曲欄看翠嶂，鐺支舊鼎煮丹砂。迷津慚向仙源問，深入滄浪買釣槎。

## 贈方邵村 時自獲鹿調麗水。四首之一

萍蹤常並客心〔一〕懸，薜荔堪衣研作田。生計惟書乞米帖，天涯難聚〔二〕買山錢。栝蒼問舊三千里，桃葉同遊二十年。蘭渚正芬花正好，春風可爲故人憐。

**校記**：〔一〕「心」，龍眠風雅作「星」。〔二〕「聚」，龍眠風雅作「辦」。

## 囊琴

纔從單父看花香，半壁仍懸舊錦囊。鶴語別愁青嶂杳，雁行斜睇〔一〕碧雲長。更推知己憐焦尾，竟使勞人到越裳。巖谷自堅他日願，將歸試識〔二〕楚明光。

越裳，操名，即滇西地。

校記：〔一〕「睇」，龍眠風雅作「處」。〔二〕「識」，龍眠風雅作「譜」。

## 感懷 六首之一

郡名未顯列圖輿〔一〕，纔遺樞曹出牧初。井底火然調瘴藥，樹頭果〔二〕熟譯蠻書。風慚羊角扶搖遠，露怯猿聲涕淚餘。更比太行高險巘〔三〕，孫陽何處嘆鹽車？

校記：〔一〕「顯」，龍眠風雅作「見」；「圖」作「皇」。〔二〕「果」，龍眠風雅作「酒」，非是。〔三〕「險巘」，龍眠風雅作「萬丈」。

## 雄署偶成

禁垣尺素雁音和，努力相期振玉珂。官説日邊公道在，書慚天上故人多。春泥獵地愁鷹隼，水草城根牧駱駝。倚杖夜來看北極，星明雙闕近巍〔一〕峩。

**校記：**〔一〕『巍峩』，龍眠風雅作『峩峩』。

## 北溶

野水新晴減半篙，人烟聚處有香醪。屋依舊砌編茅暫，村少平田斵石高。小樹桐花開兔徑，當門藤子繫漁舠。昔年祠宇皆軍壘，戰骨今猶響怒濤。

## 曲靖〔一〕

暫假黄堂綰玉麟，水容山色愧勞薪。月明古廟歌梁父，雨剝殘碑拜黨人。白水魚稀空置驛，清〔二〕湘雁杳豈通津。西來鞍馬全沾濕〔三〕，纔覺秋光瘴近身〔四〕。

宋黨人碑，廣西、雲南皆存石刻。

**校記：**〔一〕龍眠風雅詩題作曲靖府。〔二〕『清』，龍眠風雅作『瀟』。〔三〕『西來』句，龍眠風雅作『西來紫馬鞍全濕』。〔四〕『覺』，龍眠風雅作『近』；『近』作『瘴』。

## 讀堵仲緘傳〔一〕感賦　三首之一

鼎湖恨未得攀龍，獨使丸泥百越封。瘴癘半生戈自枕，河山隻手甲親縫。先生於軍中製有縫甲泣樂府。孤忠猶足驅群盜，熱血全傾報列宗。已識天心炎火熄〔二〕，大星看隕武侯軍〔三〕。

附録摘句：雜詠：『蠶收椒樹繭，犢貼柳梢錢。』江上：『水昏黃蔽日，雲黯黑藏風。』舟中雜詠：『鼠翻松子落，鴨踐稻孫稀。』感別：『馬渡湖天白，鴻歸海氣青。』臨安道中：『蠹樹泉穿腹，螺峰霧束腰。』新柳：『茶竈烟生新焙火，竹樓香引漸開花。』訪點蒼：『雲板静傳松子落，豆棚陰亞藕花開。』舟次：『朱旛夢隔桄榔雨，畫舫書封橘柚雲。』近事：『花買三千雙菡萏，詩傳七十二芙蓉。』開化雜詩：『鐘鳴寒項歡牛飲，火暗林叢賽蠱神。』西寺讌集：『塔痕欺月天全白，佛火先燈晝早紅。』

**校記：**〔一〕龍眠風雅『傳』前有『先生』兩字。〔二〕『熄』，龍眠風雅作『燼』。〔三〕『看』，龍眠風雅作

『先』；『侯軍』作『虢峰』。

## 鸚鵡

淡緑淺紅，眼喙不同，大僅如鴝鵒，籠内雙棲，語言更慧。此真鸚鵡也。

衣緑矯紅喙，聰明小更過。雕籠相顧語，架上是鸚哥。

## 紅兒歌

慣習羌兒笛裏情，湖亭相識有黄鶯。紅潮新漲桃花頰，獨占涼州第一聲。

## 題　畫

高樓面瀑閣陵溪，聽水看雲不杖藜。一棹秋風自乘興，杏花村裏石塘西。

# 姚文烈四首

**姚文烈** 字覲侯，號屺懷，順治辛卯舉人，官楚雄知府。郡志：『楚雄民獠錯處，文烈撫以恩信，山賊伏莽，則親馳其誉，陳諭招徠，威德並著，民夷懷服，及歸，士民遮道祖之。』

## 渡江有感

來往此江上，憂勤生事微。無人逢狗監，空自泣牛衣。風捲浪花薄，沙藏草色肥。故園霜薤白，臘月正〔一〕當歸。

**校記：**〔一〕『正』字底本缺，據龍眠風雅補。

## 別友人

三春朝夕感殷勤，又看榴花隔院分。惜別江淹纔有賦，送窮韓愈更〔一〕無文。輕風紫燕高低出，永日黄鸝遠近聞。尊酒園林共〔二〕嘯傲，五湖烟水悵離群〔三〕。

校記：〔一〕「更」，龍眠風雅作「久」。〔二〕「園林共」，龍眠風雅作「不堪長」。〔三〕「五湖」句，龍眠風雅作「湖山烟水惜離群」。

## 草堂即事

屏迹〔一〕囂塵一室中，清閒官味與誰同？階前榆莢舒新緑，檻外榴花放淺紅。細揀舊方遺鼠婦，閒抛餘粒學雞翁。稍霑薄禄心何繫，擾擾升沉任轉蓬。

校記：〔一〕「迹」，龍眠風雅作「息」。

## 草　堂〔一〕

初寒曉起却淒涼，曝背迎暄坐草堂。閒割蜂房收蜜早，偶來蝶隊識花香。雲山入望家林遠〔二〕，名禄羈身歲月長。案牘無多賓館静〔三〕，且開菊酒自行〔四〕觴。

校記：〔一〕龍眠風雅詩題作草堂割蜜同劉子試新醖得觴字。〔二〕「山」，龍眠風雅作「烟」；「林」作「山」。〔三〕「賓館静」，龍眠風雅作「看亦易」。〔四〕「自行」，龍眠風雅作「共飛」。

# 姚文燕二首

**姚文燕** 字翼侯，號小山，順治辛丑進士，官德安知縣，有春草園詩鈔。劉深莊文鈔：『小山令德安，適值三藩之警。小山守城有功，邑人建祠於城南祀之。列薦牘，以兄文然居總憲引嫌，候補主事，旋卒。』張文端篤素堂集：『小山壯年捷南宮而不得官侍從，筮仕德安，荒疲窮瘠，值江上用兵，鄰賊竊發，（駰）〔驛〕使騷然。德安孤城，去賊數十里。小山裂衣被爲旗幟，擊銅器爲金鉦，登陴守禦，夜則燃炬巡山，賊不敢近，城賴以完。同輩二十餘人皆上其政績，登臺省，小山獨格於例，不列名薦。小山後居京師，每與兄弟親戚飲酒半酣，則舉其生平抑鬱之事，欷歔感慨，久而淚涔涔下，漏盡或不休。雖生長貴介，善理煩劇，論天下國家事及生民利病，娓娓不倦，皆秩然有條理。所著詩篇皆磊落頓挫，負氣岸異。』姚氏先德傳：『公爲職方第五子，里居偕諸兄侍養孝謹備至。端恪於諸弟中最愛之，及卒，端恪哭之，慟曰：「吾弟忠孝智勇人也，天靳以年，不展其用，吾老矣。」因遂致疾，後兩月亦卒。公無子，以兄子士塤嗣。』

除夕得内人見憶詩依韻和之　二首之一

符換新朱户，春〔一〕濃舊碧紗。忽傳鄉語〔二〕到，翻令客愁加。筆滯知呵凍，梅寒懶放花。若蘭詩律細，款款報〔三〕宜家。

校記：〔一〕「春」，龍眠風雅作「香」。〔二〕「語」，龍眠風雅作「信」。〔三〕「報」，龍眠風雅作「話」。

仲秋寄内

帝城秋色晴偏好，馬首西山疊翠來。三綬凌晨趨柏府，百枝向夕展金罍。寒依大被猶非客，夢繞明珠未有胎。倘拜新綸容澣沐，與卿〔一〕同泛菊花杯。

校記：〔一〕「卿」，龍眠風雅作「君」。

## 姚文燚七首

**姚文燚**　字彦昭，號盤青，康熙己酉舉人，官峽江知縣，有楚遊草、超玉軒詩集。張文端篤素堂集：『峽江公以名士登賢書，爲邑宰曾不及數月，其子東膠幼穎異，人品端直，無年少漫遊之習。母夫人疾篤，刲股以救療。爲文沐浴於先輩大家，庚午舉鄉薦，竟以會試不第，憤抑早卒。』

## 早春宿若侯兄梅谷

魏惟度詩持選

自君卧巖阿，欲往曾幾度。新霽山氣佳，策杖展野步。慰此池草心，領彼烟霞趣。踰嶺越陌阡，漸入花源路。村遠聞犬聲，烟微見人住。境寂道益尊，心静物無忤。卷舒天上雲，開落庭前樹。飄笠謝囂氛，桑麻話春務。酌酒酹梅花，所賞在幽素。擾擾世間人，槃澗誰獨晤。

良會苦日短，中宵命秉燭。夜氣肅空山，笑言寫心曲。新月升前楹，照我杯中醁。同夢剛半枕，嗒焉已離俗。毋物在守雌，養真貴知足。看君薜荔衣，豈受尺組束。予慚買山難，耦耕景芳躅。龍眠不知曙，鳥語報朝旭。

孟東野詩『大道毋群物』，『毋物』二字本此。

晨起陟眾峰，領佳復延賞。石壁若奔會，草木自天長。野性好搜奇，腰鐮刈榛莽。蔓草既芟除，勝地乃蕭爽。始知幽貞姿，終須脱塵網。晴暉開遠照，春物方駘蕩。梅留太古雪，泉答天籟響。列手弄潺湲，衣拂青苔上。吟成獻康樂，豈羨受譽廣。日夕下山去，遥遥結遐想。

## 小孤山 詩持選

誰削巉巖水上浮？烟嵐面面望中收。天留一柱東南立，水抱孤峰日夜流。寺佛棲雲穿鳥道，山僧乞米借魚舟。經過梵宇躋攀險，停楫遲回當勝遊。

## 望匡廬 詩持選 別裁集選

舟中遥見翠微重，五老晴開江上峰。蓮社不隨烟靄散，香爐還倩暮雲封。山連楚水兼吴水，僧集南宗與北宗。愧我勞形同泛梗，虎溪何日訪遺蹤？

## 赤壁 詩持選 別裁集選

天空木落石崔嵬，懷古憑軒倦眼開。山勢欲奔吞浪住，江光不斷抱城來。英雄氣盡三分業，詞客名高兩賦才。只有文章傳勝地，簫聲鶴夢總塵埃。

沈評：氣博詞雄，赤壁詩最上之作。

曾經百戰此山川，斷碣荒亭閲歲年。泊岸葦生歸櫂火，搨碑人乞賣文錢。江湖遊徧長途客，吴楚平分數點烟。斗酒鱸魚誰濟勝，茗漿猶有老僧賢。

# 姚文熊二首

**姚文熊** 字介侯，順治間諸生，早卒，有竹齋集。

## 過旺龍庵贈定波上人

老僧好客能留客，旅舍如僧喜近僧。深隱只將花作候，獨行且與杖爲朋。山高帶日收遥嶂〔一〕，樹古含烟鎖緑藤。禪定却忘清晝永，蕭然野鶴對孤燈。

校記：〔一〕『嶂』，龍眠風雅作『水』。

## 過頌嘉草堂

參差嵐送〔一〕遠峰晴，攜杖沿溪信步行。坐静偶聞松子落，穫餘初見稻孫生。可知秋爽宜山興，信有人閒去〔二〕鳥情。一院桂香傳小樹，風來贏得袖中〔三〕清。

校記：〔一〕『嵐送』，龍眠風雅作『送翠』。〔二〕『去』，龍眠風雅作『達』。〔三〕『中』，龍眠風雅作『懷』。

# 姚文烝一首

**姚文烝** 字聲侯，號栗岑，附監生，考授州同知。連雲堂名録：『姚氏文烝聲侯、文庶介侯、文熊望侯、文怠夏侯，凡四人。』

## 芙蓉曲 四首之一

芙蓉製爲裳，裳薰百和香。秋窗何所事？斗帳繡鴛鴦。

# 姚文烟一首

**姚文烟** 字泰伯，崇禎間處士，有詩文卮。

## 山中

深谷有人住，山田隨力開。種茶依白石，采藥破蒼苔。結屋樹相倚，補衣雲共裁。一溪流水外，唯見鳥飛來。

# 姚文鼇五首

**姚文鼇** 字駕侯，號蟄存，諸生，有賓閒齋集。潘蜀藻曰：『蟄存少隨父官東陽，許都之亂，能以智脱。昆弟皆鳴騶相望，君獨屏棄帖括，怡志園林。庚申詔舉山林遺逸，竟以疾辭不赴。』郡志：『著有左傳疏解、雉藝集、同聲堂集。』

## 游莫愁湖

千頃湖光一望收，舊時欄〔一〕榭盡荒丘。風生水緆魚吹浪，木落天空人上樓。絃管徒傳歌舞地，衣冠漫説帝王州。蕭條物態今如我，不信當年有莫愁。

校記：〔一〕『欄』，龍眠風雅作『臺』。

## 吊竇將軍成

保障捐生第一功，千秋〔一〕尸祝百年同。將軍自許心猶在，往事徒傷祚已終。無復衣冠從漢臘，空陳蘋藻泣春風。杜鵑啼老難歸蜀，染得山花歲歲紅。

結末雅切，兼饒神韻。

按：子遺記：『賊劫應登去，復擁竇成至城下，教之招城中兵，成呼曰：「我竇成也，賊使我招降若等，若等宜堅守，賊糧盡，火藥亦盡，計窮矣。若等努力無懈！」賊怒殺之，至死猶大呼不絶，後立祠於城内西山之麓。』劉海峰集竇祠記：『明末流賊將破桐，以城堅不可下。巡撫部將廖應登率蜀兵三千防禦，賊突劫應登去，問誰可誘降桐者，應登以部下卒賓成對，賊夾以二卒擁成至城下，成見所素識守者，呼曰：『我賓成也，賊今脇我，令誘降，若等必無降賊。今穿城地洞皆石骨，計窮將去矣。』二夾卒愕然，遂加刃焉，自是謹守城而急請援，城賴以全。』錢田間集賓黄紀事：『賓語城上人未畢，所挾二卒急以利刃劈其腦，至死罵不絶聲，城上人望見之，守城官及士民皆焚香泣拜，即建祠祀之。』王蓉山文鈔賓祠記：『將軍死時，爲崇禎壬午十一月二十一日也，至今百六十餘年，其死處在城根石上，天每陰雨，猶涔涔作赤碧色，故老言成美鬚髯，身長八尺，平日慷慨兵事，桐竟賴以全云。』

**校記**：〔一〕『秋』，龍眠風雅作『家』。〔二〕『臘』，龍眠風雅作『臈』。

## 歸舟酬張齡若

峰懸五老霧初收，依舊擔簦上小舟。惜别漫勞歌白雪，解憂何處覓青州。堤荒春到烟籠柳，人去江空月浸樓。浪寄一笻須擇地，等閒莫作豫章遊。

青州從事，酒名。

## 九日涉亭閒坐適庭若姪攜具招山如齡若偕至

芳晨〔一〕抱病强支持，小憩閒庭落照時。南阮心情憐我獨，北門餚核過山遲。竹連翠幄人穿徑，花洗紅妝影到池。蘗菊未開還勸酒，踏歌歸趁月如眉。

**校記：**〔一〕『晨』，龍眠風雅作『辰』。

## 訪舊不遇

半塘浜底住方舫〔一〕，爲訪吴家阿四孃〔二〕。聞説久移城裏去，桃花塢後虎溪倉。

浜，吴人呼小河也，字音若邦。

**校記：**〔一〕『舫』，龍眠風雅作『航』。〔二〕『爲』，龍眠風雅作『特』；『阿』作『老』。

# 姚文勳五首

**姚文勳** 字集侯，號丹楓，孫棐子，拔貢，有丹楓詩集。潘蜀藻曰：『丹楓西郊有亦園，龍眠山有蒲居。花時觴詠，樂而忘返。卒年八十有二。』姚氏先德傳：『公與兄文烈、弟文然，以能文章，有「江北三姚」之目，拔萃後，以親老不仕，逍遥林壑以終。』

## 雪中懷十洲上人

憶昨別禪扉，衝寒策馬歸。纔聞五葉勝，又見六花飛。雲凍松鄰合〔一〕，山寒鳥語稀。有懷憑遠望，針芥已忘機。

校記：〔一〕『雲』，龍眠風雅作『雪』；『鄰』作『鱗』。

## 招李石逋陳問齋潘木厓劉西麓左橘亭趙湛齋集亦園〔一〕

群賢攜手至，笑語隔牆喧。一水涵林影，千峰過雨痕。鳥鳴增霽色，花落點芳樽。向夕談無倦，炊烟起篳門。

校記：〔一〕龍眠風雅詩題作花會飲招李石逋陳問齋潘木厓劉西麓左橘亭趙湛齋集亦園限痕招二韻。

## 同陳二如張齡若賞月〔一〕

皓魄迥無極，臺高得近看。山光侵户逼，雲影渡池寬。夜霽〔二〕長如晝，宵分不覺寒。歡娱〔三〕愁易集，久别憶長安。

校記：〔一〕龍眠風雅詩題作二姪邀過深柳讀書堂同陳二如張齡若賞月有懷三弟。〔二〕『夜霽』，龍眠風雅作『天净』。〔三〕『娱』，龍眠風雅作『餘』。

## 輓孫克咸殉難閩中

分手吴門幾播遷，尺書難寄更堪憐。驚心烽火家偏〔一〕遠，奮臂干戈戰獨先。憶昔同堂成再世〔二〕，從今壯志付三〔三〕泉。招魂南望〔四〕親攜酒，俯仰山河涕泗懸。

聲情激越，欲碎唾壺。

校記：〔一〕『偏』，龍眠風雅作『同』。〔二〕『同』，龍眠風雅作『一』；『再』作『隔』。〔三〕『三』，龍眠風雅作『黄』。〔四〕『南望』，龍眠風雅作『此日』。

雨窗憶諸昆弟

晝掩松扉獨自眠，藤陰低與竹牀連。輕雷驟送千峰雨，落日平收萬樹烟。故里團欒成客夢，貧家俯仰望豐年。歸期不遠先藏酒，天柱秋高月正〔一〕圓。

**校記：**〔一〕『月正』，龍眠風雅作『對月』。

# 姚文熊十二首

**姚文熊** 字望侯，號非庵，康熙丁未進士，官階州知州，有紅雨軒詩集。郡志：『廷對策問錢穀，文熊舉直省分合數以對，且陳轉移法，公私俱便，讀卷官欲署第一，以忤政府意，置二甲。令蕭山，日蝗渡江，移文祭於神，忽大風雨作，蝗則盡死。』梁佩蘭紅雨軒詩集序：『公性敏而仁，承父祖之緒，博洽條貫，爲少年名進士。由蕭山令擢階州刺史，所至以寬厚著績，公餘惟一編課士。居常恂恂無多言，每稽考講論，則傾三峽之源，匯九派之宗，累日夕不倦。公蓋篤於天而全於人，自處於厚而不以薄待世。凡會心之言，雖殫力琢磨，無一不出之自然。其蘊蓄而澄涵者，讀之如食太羹之味，被素絲之服，不絢而華，不濃而旨。此詩道之正宗也。』戴百樫序詩集曰：『吾師少年負奇氣，公車屢上，乃得一第。又不屑作折腰吏，少貶氣節以求媚於世俗。生平威儀魄力，氣蓋天下，嘗掀髯撫掌，飲盡一石，迺振筆寫懷，淋漓滿紙，舉夙昔之鬱鬱於中者，一皆寓之於詩。及詩成而遇乃益窮。宜人既不永年，兄弟貴仕，零落殆盡，負郭之田，烏衣之巷，反以官廢。進一階，旋左遷，而病增劇。前此著作，吾師經濟未發之蘊，偶一寄焉。彼造物者遂忌其才，使之困憊如此，則謂吾師之以詩傳，實以詩窮也。』方正玉序紅雨軒集曰：『公年二十一舉孝廉，越六年成進士，出宰固陵，寬恕平易，以無事安人。擢階州刺史，以廉直屈下考，卒於京。公偉貌惠心，讀書靜適，厭聞塵囂事。於文章道義，鼓舞勸勉，歷久不倦。所作詩適天真，得温柔敦厚之遺。昌黎云：「仁義之人，其言藹如。」可舉似之。』姚氏先德傳：『公令蕭山，盡心民事，每水旱蝗疫，公虔禱於神，輒靈應。道光七年蕭故士民以公與賈國楨治績臚上，得請，因封公爲昭感伯、賈昭應伯。』

## 烏夜啼

烏臼屋上啼，織女機中泣。問女何所思？問女何所憶？夫婿去從軍，三載無消息。青燈熒熒紙帳孤，獨坐空房淚沾臆。夜夜春寒上被池，夢成不敢到遼西。回腸已自相思切，况復聞聲增慘悽。停梭向烏前致辭，待我郎歸款款啼。

## 豆　棚

滋蔓緣茅屋，濃陰處處遮。傍檐低結子，罥架細開花。含雨葉初潤，牽風枝自斜。南山如可隱，不種邵平瓜。

## 湞陽峽

聞道湞陽峽，扁舟此再過。山圍天忽小，石激浪偏多。古木藏猿狖，空巖長薜蘿。客心驚歲晚，修阻奈愁何。

## 暮春湖上晚眺

策杖看雲望欲齊，芳湖草色碧萋萋。荻蘆水淺魚兒小，楊柳風高燕子低。農婦自尋沙渚菜，山雞群啄麥田泥。晚來一帶村烟起，漠漠平遮半里堤。

## 宿東阿

柴門稅駕嗟何晚，客況歸心两不堪。遥聽禽聲知夏日，漸看山色似江南。瓦盆供飯蒸初熟，木碗盛醅飲亦甘。莫使蕭條怨行役，異鄉風味未全諳。

## 舟泊南康望廬山

匡廬山下水如天，彭蠡湖邊晚泊船。五老昔曾勞夢寐，一帆今尚阻雲烟。爐峰蒼翠千尋上，瀑布空濛百尺懸。他日遂初容卜築，讀書臺畔好林泉。

## 子夜歌 四首之二

種蓮碧玉甌，蓮葉小如錢。縱不守空房，能得幾多蓮？

桐樹與雲齊，不得見梧子。秋風解人意，吹落儂懷裏。

## 涼州詞

天風吹冷四時秋，白草黄榆滿地愁。流水不知邊塞苦，年年猶到隴西頭。

點化古詩入妙。

## 羊城竹枝詞 六首之二

青青蒟葉裹檳榔，木碗槃來與客嘗。却怪吴人偏不慣，輸他口舌也生香。

茉莉開時不值錢，晚風吹送滿街前。珠娘不解妝新鬢，穿作花燈處處懸。

## 小山五兄新納雙姝 十首之一

秦家何必勝盧家，兩兩都稱解語花。願似黄金山上樹，常年相讓莫相加。

## 姚文熒二首

**姚文熒** 字玉青，號曉峰，康熙間監生，考授州同知，有花岑集。

### 春日過九峰庵宿左用一書齋

數椽茅屋自清幽，身在龍眠最上頭。良夜燈懸分佛火，深春花落繞溪流。當階竹木參差立，隔嶺烟雲黯淡留。更喜山僧能好客，烹茶坐語亦綢繆。

### 鳩婦 一名催歸鳥。

白雲叫破共飛飛，底事催歸郎不歸。遥憶征途何處是？莫教春雨透征衣。

## 姚文黔一首

**姚文黔** 字錫伯，號省庵，文默弟，有曉峰詩草。

山歸

水漲村橋取徑偏，新鶯新緑夏初天。桃花落盡瀟瀟雨，洗出滿山紅杜鵑。

## 姚文黛一首

**姚文黛** 字章伯，號芝芩，文默弟，有芳潤軒詩集。

### 清迴山莊偶吟

三徑無人任草萊，雙扉晝寂興幽哉。雨添新水鷺頻下，菓熟深林禽自來。烟影和雲團竹塢，雨痕印壁長松苔。潛蹤且得閒中趣，對景沉吟撥舊醅。

## 姚文點二首

**姚文點** 字增伯，號勉齋，文默弟，有勉齋詩集。

## 雨後張硯齋招看海棠

馳暉忽過賣餳節，匝地繽紛喚鵶鳩。殿春三月雨聯綿，餘花惱盡凝陰冽。幸有故人清興狂，小園珍重四時芳。纔止廉纖便呼飲，幾株牆下開海棠。鮮妍含濕顔逾倩，美人初浴胭脂面。見者猶憐况老奴，驕春絶色留歡宴。小山中隔影沉沉，以目送之如邃林。淺深未得窮其際，北苑有法難摹臨。更好垂絲楊柳映，丹砂灑落青葱徑。曠達人看綺麗花，環亭文藻忻相贈。酒酣長日對輕紅，洛社心情晚景中。更得幾年花下集，嫣然任笑雪顛翁。

## 與範冶論詩

一片空明鏡，心融萬象禪。時時拂塵翳，往往覓神仙。曾到蓬萊閣，還登太華巔。數聲青鳥夢，縹緲入雲烟。

# 姚文默八首

**姚文默** 字簡伯，號南崖，康熙歲貢生，官來安訓導。

## 雜詠 四首之一

錢刀世所重，非可妄希覬。人生争逐逐，空湜蛣蜣智。此或恥瓶罍，彼或歌遺穗。此或擅都騎，彼或矜容遂。两途孰主之？豈盡快人意。甘貧道在兹，忮求徒喪志。君不見蟬蜕穢壤遷高樹，抱潔懷清惟飲露。又不見依人紫燕自晨昏，何嘗口腹累斯人？

## 惜茶歌

叠叠高峰隱茅屋，偶爾來遊快幽獨。門繞清泉泛紫茸，十年早種山之麓。揮汗鋤雲不憚勞，轉盼争看旗槍緑。每逢春暮采盈筐，微烘緩烘幾日忙。急煮蟹眼試新味，盧碗擕來蘭氣香。親串嗜嘗等瑤草，常爲分緘遠寄將。誰知一朝摧芳蕊，葱翠莫與昔年比。葉污成籜幹成薪，新枝柔條忽半死。遍向山翁詢厥由，依稀難悉其中旨。猶記種茶意氣豪，迄今榮枯迥異矣。吁嗟乎！眼前世態類如此。

## 懷王阮亭途中遇雨

曉霽客催别，登程雨復饒。暗雲封野店，濕霧擁輕髻。潮長知江闊，泥深畏路遥。淒涼誰共語，相伴獨詩瓢。

## 雨後同方望溪閒步松舫

濕霧初歸嶺，村村起暮烟。蛙喧新雨後，燕返夕陽前。水長魚争躍，春深花盡妍。阿咸欣忽至，把盞共忘眠。

## 清迴堂齋亭落成

白板扉邊少送迎，半依棐几半閒行。濁醪初釀新收秫，清茗時烹自滁鐺。魚躍波心翻月影，風來松頂長濤聲。最慚鎮日無常課，向夕猶親一短檠。

## 同王漁洋張敦復家羹湖遊敬亭山 二首之一

登臨共喜趁朝暉，徑繞丹梯翠濕衣。遠寺烟消雙塔出，平湖風急片帆飛。一灣老樹楮高閣，千里晴雲接短扉。自是乾坤留勝境，凭欄極目思依依。

## 同方百川彭陶若飲文昌臺雨後見月

閒招好友共追隨，緩步登臺遠眺宜。復閣參差臨斷港，孤燈明滅出荒祠。風來遠樹涼生几，雨過高城響到池。把酒深談情轉劇，雲收得月不嫌遲。

## 遠　山

變滅雲烟過眼新，無心傲我骨嶙峋。年年相對常如此，只有青山不負人。

# 姚　焜十四首

**姚　焜**　字鸞伯，號處齋，雍正癸卯舉人，官甯陽知縣，有處齋詩集。姚氏家傳：『公由邑廩生，中康熙癸巳副榜，雍正癸卯舉順天鄉試，甲辰徵充明史纂修官，任興化教諭，保薦博學宏詞，升山東寧陽知縣。』

## 勸民歌　四首之一

天經與地義，有懷惟二人。編氓本蚩蚩，厥德豈皆醇？但與觀萬類，恩勤識其真。鴟鴞性原惡，哺飼烏同仁。虎豹性原猛，伏乳還吟呻。慈愛在强獰，況此秉彝倫。殫心與竭力，庶以答所親。孝爲百行首，吾以勖吾民。

## 送秋水之葭州

隴山落木千峰見，隴雲漠漠初飛霰。征人未向隴頭行，正及潼關開四扇。康居夜郎殲渠魁，葭州刺史從軍回。上考不須京兆奏，武功偏紀吏良材。子爲葭州幼少弟，遠將北堂平安字。十年離别一開顔，江鄉説盡悲歡事。飛觥莫惜醉如泥，邊徼風寒氣凛凄。夢穩姜庭長大被，休聽碧野曉鳴雞。

## 賑粥行贈張硯齋先生

去年淫雨横風飈，漭瀁百谷洶波濤。江流鴨緑來迢迢，非關雪從巴蜀消。天吴散香馮夷驕，無人更伐陽侯蛟。牂牁排岸魚龍跳，林端木筏撞鳥巢。沿江村舍浮江潮，版幹竹落摧將牢。防川安得杜簿曹？古堤拔刺潰中宵。渾同瓠子决成皋，居民無訴哀嗷嗷。須臾骨肉齊分抛，浮蹤泛影萍梗飄。巫陽巫咸杳難招，有嫗夜泣心怛忉。有兒了角伶俜號，河梁又見雄狐嗥。空閨嫠婦傷两髦，死者已如夢與泡。存者偷生不自聊，竈沉釜破纏菰茭。長鑱空砎黃獨苗，閶闔巍巍不可敲。九重無因施恩膏，遺民誰遣盧于漕。率妻負子彌城坳，槁項黃馘聲咷咷。乞食無力能吹簫，江東米值連騰高。蘇松富估治萬艘，糴穀施餔䭾儈教。千緡萬緡爭斗筲，厠鼠倉鼠同腹枵。道旁蒙袂無黔敖，張君顧之雙目蒿。歲晏發粟傾倉廒，臺門赫奕容灌㕡。攝提春回立斗杓，計日惆悵麥秋遥。公孫爲粥事重遭，江鄉人物多賢豪。饑鍾指囷無私撓，師史奇贏烏倮饒。慕義不特袁絲交，勝地恢恢古洞霄。東廠西廠無相淆，高席下席編衡茅。男婦累累趨樂郊，庫司代謝稽纖毫。衾裯輪直還相邀，餬饘粒米檢長腰。直抄雲子鑿申椒，粤鍑吴釜龍首鐎。鴛箸萬計千角瓢，煁烘無惜桑薪樵。黄冠羽子五銖袍，沙門衲子軍持操。撞鐘伐鼓齊渡橋，陰翳老鶻小鷦鷯。三更列炬散林稍，分曹執爨無避逃。視夜參昂光動摇，張君聲聞動禁鼇。防風香餳御厨庖，粗食軫念餔糠糟。炊熟親嘗饘酡調，佐以瓜虀鹽豉殽。平明會食肅喧囂，空腸雷鳴恣貪饕。似餌糝食沃淳熬，更似狼臑肝膲膋。支離頭項何枯焦，觰沙於□潛兩髦。簞豆飽食朝復朝，蘇薪菜色如飲醪。城闉嫩綠舒柳條，看看又熟官都桃。薰風麥浪黄于䓗，得食幸免分蛴螬。妻孥躑躅夫荷挑，老翁趚趚摇雙橈。日歸莫憚歸路遥，斷垣頽岸野烟燒。羌村風景忘石壕，童耆戴德喜斯陶。視君思贈吕虔刀，耕三餘一古風寥。畫策至今無賈晁，水毁木饑降癘夭。坐看烝黎如螗蜩，張君義問何宣昭。牧芻轉代牧人勞，祥麟一角鳳九苞。又見皋夔佐帝堯，管城紀載太平謡，無煩監門空繪描。

## 送友人之吴門

別路逢新柳，離筵向驛亭。春來皖城渡，人去錦帆涇。雪水添波緑，蘆洲夾岸青。過江風物好，三日莫教腥。

## 青海大捷

帝澤同高厚，車書統萬方。殊風皆納貢，重譯悉來王。化及三苗外，威行六詔鄉。勳名高日月，功德邁虞唐。甌脱連青海，流澌界白狼。久承天雨露，咸與物和祥。異數屏藩重，皇恩錫賚長。饑腸充隼鶚，弱臂奮螳螂。負固輕違命，操兵敢弄潢。諸酋强脅從，斥堠警秋防。廟算龍韜密，軍聲鳥陣彊。總戎周吉甫，籌策漢張良。玉甲森貔虎，金鞭躍驌驦。旌旗霞晻靄，矢石羽飛揚。擣穴焚廬墓，犁庭捲糗糧。轅門枹鼓伐，磧壘賊營荒。鼠竄蒙巾幗，豨奔入莽蒼。檻車縲阿母，邊幛攝餘羌。滴博春收戍，洮河夜靖防。草茸沙鹵碧，柳拂塞塵黄。整旅回千騎，敷文下九閶。淮西俘馘獻，江漢貔卣將。至孝伸昭格，膚功喜熾昌。人間歌者定，天宇淨欃槍。

鏡蛪婿捷南宮誌喜

絲綸世業舊無倫，雁齒魚鱗達紫宸。環頙文纔傳一手，郊祁名未繼三人。禁中筆札推先輩，殿上宣呼念舊臣。愧我後來難説秀，寧家第宅幾番新。

西龍眠謁先克齋公墓

蒼翠陰陰馬鬣邊，每逢斟酒一潸然。五規不及清時上，四略曾從講席傳。亂後衣冠紛似葉，生前文字散如烟。參天只有松千尺，鐵幹霜皮已百年。

立春前集行素堂分韻

庭梅剛趁曉晴舒，鎮日盍簪樂有餘。酒肆膾豩無白墮，詩人味永似黄初。春風隔幕難消燭，土釜添薪更煮魚。但際清時聯舊雨，肯教金闕易蓬廬。

## 雨中次範冶韻　二首之一

酸風涼雨伴愁眠，斗室朝朝對漏天。水漲空階堪放鴨，雲沉高樹不棲蟬。閒蹤久斷青楊巷，枯坐如參白足禪。遥憶家園此時節，滿渠香發醉紅蓮。

## 送徐衡次之蘭州

燕市頻同買醉場，江南風物苦思量。君今又向臨洮去，轉憶桑乾是故鄉。

## 過包孝肅祠　二首之一

跨驢金斗城邊路，孝肅祠前霽景多。千古包家有陂澤，更無人説宋山河。

## 櫻桃次花坪韻 六首之一

離離火齊一般匀，漫向樊姬寫素真。盧橘楊梅酸略似，瓠犀微齼畫眉人。

## 藕塘即事

西風吹盡白荷花，注澗泉聲響緯車。薄日依微挂林杪，前村雨脚尚如麻。

## 粥厰雜詠 二十首之一

淹留非客亦非家，已脱輕綿試子茶。吹遍春風曾廿四，楝花白又似梅花。

# 姚鼎孝三首

**姚鼎孝** 字勤先，康從孫，諸生，有約齋遺稿。

## 白　蓮〔一〕　和家叔陵陽署中作。

香滿銀塘露正團，珠光千點傍雕欄。雪兒歌醉三更酒，湘女波生六月寒。色映蘆簾冰骨朗〔二〕，神傳秋水玉容〔三〕看。幽姿清絶誰儔侶〔四〕，庾嶺疏梅〔五〕楚澤蘭。

校記：〔一〕龍眠風雅詩題作和家叔陵陽署沼白蓮。〔二〕『冰骨朗』，龍眠風雅作『何處是』。〔三〕『玉容』，龍眠風雅作『許人』。〔四〕『儔侶』，龍眠風雅作『同調』。〔五〕『疏梅』，龍眠風雅作『梅花』。

## 水中雁字　十五首之二

水天明淨似冰壺，秋染霜毫一筆塗。列布形聲〔一〕通鳥譯，全收江海入鴻圖。影隨烏鵲歌三匝，名讓鴟夷占五湖。幾度長征涇渭水，聯翩還爲寫陰符。

龍蛇飛動陣雲高，群鬬鷹揚奮六韜。遼海素書傳漢節，洞庭秋影寫離騷。銜蘆原不須斑管，集澤〔二〕驚看落綵毫。漫向江天誇羽翼，人間文字本鴻毛。

校記：〔一〕『列布形聲』，龍眠風雅作『分布音程』。〔二〕『澤』，龍眠風雅作『蓼』。

## 姚式過一首

**姚式過** 字介子，康熙間布衣。

### 隨家嚴淮上和友人

部署當時有數公，津梁所被輒淩空。淮王竈下雞成道，謝氏軍前鶴論功。閱世最憐皮相士，彈〔一〕文真畏口興戎。鐘鳴漏盡吾何賴？得近盟壇不敢雄。

**校記：**〔一〕「彈」，龍眠風雅作「論」。

# 卷六

徐寅　蘇惇元
吴元甲　馬起恒　同校

## 姚亮五首

**姚亮**　字揆采，國初布衣，有絳雪堂詩稿。王悔生曰：『絳雪堂詩，陳子策心偶於市中購得一帙，晚年作也。其盛壯之篇，詢之其家，子姓零落，無復片楮。卷中有與孫豹人、龔子棟二君往來之作，可以想其人。』

### 禽言變體

婆餅焦，婆餅焦，阿婆烙餅惜婦勞。學婆手法爐火燒，餅焦婆怒心摇摇。逐婦化鳥生羽毛，孤棲日夜聲叨叨。婆餅不焦婦不逐，減火抽薪餅自熟。

絳雪禽言十餘首，此章最爲清俊，録之。

## 回思

回思暗自嗟，垂老尚天涯。才本慚袁伏，交誰是叔牙？六年三作客，十夢九還家。鄉信知何似？寒燈夜夜花。

## 晤孫豹人

秋風疏柳客蕪城，握手難言十載情。珥筆席應虛館閣，布衣名早動公卿。多男最似陶元亮，遊嶽何如向子平。夜雨西窗堪刻燭，長歌耳熟本秦聲。

四語最切孫徵君。

## 殘臘感懷

年少詞壇尚角名，老來牢落客荒城。青衫猶是山中製，白髮多從海外生。陰雨聯綿天黯淡，故園迢遞夢分明。宵寒聽唱邊關曲，却與江南一樣聲。

## 入閩七十韻

七十猶爲客，龍鍾異昔時。褊心終亢直，老骨漸支離。龔勝容知重，虞翻少見推。迂疏聊自哂，蹇拙恐無裨。誰買長門賦，空傳幕府詩。張陳那忍道，周召尚懷疑。入世原多慮，居貧轉覺宜。和歌調白紵，沽酒望春旗。雨響烹茶鼎，雲遊洗硯池。文章崇典貴，詩律辨純疵。賈誼虛三表，梁鴻剩五噫。庾公江左賦，伏老濟南詞。落拓高書記，沉雄杜拾遺。未能窮奧窔，敢謂破藩籬。眼界窺天管，胸懷測海蠡。陶潛原自放，王猛漫相期。豈少如羊馬，尤多畏鼠貍。校讎開蠹簡，同異惱龜茲。不合頻叉手，何因得解頤。知人裴儉確，拜佞孔光卑。末劫荆榛滿，人情劍戟危。每思行路苦，却悔買山遲。何人誇馬渤，之子信牛醫。騄駬拋羈勒，駑駘謬縶維。一身餘病骨，七發想雄辭。雅操悲中散，知音歎子期。山棲宜戢翼，水激愧揚鬐。豈謂辭鄉國，仍教向島夷。纔登青舴艋，都訝白鬚髭。權響鷗鳧散，橈歌鼓吹隨。分題春雨驟，擲筆錦雲披。矍鑠終無賴，疏狂太不羈。犞肥甘碌碌，蘭臭切偲偲。出遊添日録，攬勝謝塵羈。苦乏生花筆，休猜脱穎錐。險夷憑涉歷，弦望記盈虧。屦駭齊諧怪，何論越絶奇。海濤驚是颶，星紀識連箕。遍訊民風土，幾同使月氏。地分光澤界，關立建昌碑。閩嶠煩登陟，甯陽更險巇。磳田烟似瘴，石磴狹連畸。西北皆林麓，東南逼水湄。地靈菖九節，土沃稻雙岐。村女簪蘭箭，酋居蓋水皮。土瓜香似藕，番蘋滑如糜。濃緑攢榕樹，殷紅熟荔枝。虎頭蕉拂拂，佛手柿垂垂。天木牽緗蔓，相思綴絳蕤。菓青嘗橄欖，花白肖茶蘼。姑惡啼偏急，鉤輈聽轉悲。燕窩紛傍石，鬻杓不傷錡。龜脚原非草，龍頭小似鰤。瓦楞朝北斗，沙蛤號西施。海狗遥登嶼，糖牛近食飴。臺螺斑玳瑁，海月甲玻璃。醜類烽頻警，居人業盡衰。廿年甘疾苦，一旦起瘡痍。集澤無鴻雁，峩冠有鵔鸃。令丞今卓魯，德教古皐夔。士氣從兹振，民風已漸移。衙齋存舊制，賓館拓前規。壁角花争發，窗前草不萎。三冬猶屨葛，十月尚衣絺。縱愛炎方暖，終縈故國思。交規連几榻，妻子共盤匜。屋敞香生樹，泉疏緑漲陂。擁爐煨榾柮，設饌剪菘葵。似此園居樂，紜紜那得知。

## 姚士堂六首

**姚士堂**　字仲若，號敬齋，康熙己酉舉人，官内閣中書，有雲怡閣集。姚氏先德傳：『公爲端恪公次子，丰儀俊逸，文章贍麗，爲人孝悌子良，無疾言遽色，而介節嶷然，不肯以門望干進。』

## 詠石菖蒲〔一〕

青青石上草，鬱鬱幽溪湄。離離結霧〔二〕根，娟娟無纖泥〔三〕。攜歸山堂中，薦〔四〕以錦文甆。灌以泉洌清，浮以苔參差。好風左右至，微風度遲遲。嗟嗟〔五〕此微物，遇合亦有時。感彼蘭蕙姿〔六〕，彌年老山陲〔七〕。幽人竟不來，芳馨徒爾爲？

**校記：**〔一〕龍眠風雅有序曰：『遊龍眠，於篁澗深處見菖蒲叢生石上，不土而蕃，細葉青葱，微馨滿渚。張師顧而樂之曰：「此足以當子瞻怪石供也。」亟攜而歸詠之，俾好事者屬和焉』。〔二〕『霧』，龍眠風雅作『霜』。〔三〕句下龍眠風雅有『吾師耽奇僻，見之心目怡』。〔四〕『薦』，龍眠風雅作『坐』。〔五〕『嗟』，龍眠風雅作『哉』。〔六〕『感』，龍眠風雅作『嗤』；『姿』作『花』。〔七〕『陲』，龍眠風雅作『陂』。

## 秋獮

負郭行營飛晚烟，如雲獵騎馳溪田。夜來明月不知照，燈火平沙萬帳懸。羽林如虎馬如龍，抛鞚鳴鞭嘶朔風。一矢前驅初獻鹿，馳鮮先奉萬安宮。

## 遊赤壁〔一〕

晴巒孤眺練光浮，林刹風亭梵磬幽。山水豈應誇〔二〕赤壁，文章自合重黄州。檻邊挂席依依度，江外傾暉宛宛收。峰頂更瞻坡老像，蒼茫異代不同遊。

赤壁自以兩賦照耀今古，子厚所云：『不遇右軍，則茂林修竹蕪没於空山矣。』

校記：〔一〕龍眠風雅詩題作遊赤壁懷東坡先生。下有注文曰：『山臨江屹立，如鼻，亦名赤鼻。子瞻以爲周郎破曹操，误也。』〔二〕『应誇』，龍眠風雅作『無如』。

## 送楊陶雲〔一〕

楊以翰林左遷縣丞。

春明鶯柳舊過從，此日江干喜更逢。豈有蓬池曾視草，翻從花縣學哦松。山容著雨簾堪捲，家釀留賓興未慵。早晚金鑾虚左席，謫仙只合侍銅龍。

校記：〔一〕龍眠風雅『雲』下有『先生』。

## 送張敦復姑丈假歸〔一〕

絲絲楊柳禁城烟，内相輕騶擧玉鞭。豈謂東山思燕息〔二〕，欲從南國卜〔三〕牛眠。時將還葬。臣心繾綣長隨輦，天語平安穩放船。車駕東巡，公送之永定門外，面陳即日南歸，上駐馬慰遣。不是園陵躬展祀，直廬那得暫言旋？

**校記**：〔一〕龍眠風雅詩題作張敦復姑父以宗伯學士請假歸里送別舟中悵然有作。〔二〕『謂』，龍眠風雅作『爲』；『思』作『貪』。〔三〕『卜』，龍眠風雅作『問』。

## 冬日聖駕巡幸闕里恭紀　三十二韻

玉燭調元化，華平集上〔一〕祥。武功逾鎬洛，文德媲〔二〕虞唐。風教通重譯，車書暨八荒。漸摩民俗古，景仰聖情長。諏告逢〔三〕嚴節，乘輿發未央。江淮浮綵鷁，鄒魯肅條狼。疾苦諮田叟〔四〕，恩膏被井疆。觀風臨泰岱，清道達宮牆〔五〕。淵湛洙流〔六〕水，崇閎闕里堂。爐烟仙仗繞〔七〕，峰靄壽氛翔〔八〕。嚴翼貔貅旅，雍容鵷鷺行。鸞聲傳噦噦，騎吹叶鏗鏘。鼓伐靈鼉震〔九〕，旗翻翠鳳揚。一人虔盥薦，列辟盛趨蹌。禮物陳三代，精忱邁百王。管絃〔十〕歌備舉，都荔散群芳。交暢牲燎〔十一〕達，嘉餚〔十二〕福醴將。孔林瞻瑞靄，講席燦〔十三〕琳琅。父老圜橋聽，旌麾夾路〔十四〕張。回鑾松幄側〔十五〕，駐蹕杏壇傍。鑽仰〔十六〕思彌切，低回眷不忘。葳蕤留寶蓋，霏結灑宸章。御題『萬世師表』四字。捧去蛟龍護，懸來日月光。尊師情繾綣，延世澤汪洋。胄子榮緼紱〔十七〕，諸生被繡裳。天〔十八〕恩真莫並，聖德有餘慶。錫帛光周典〔十九〕，陳牲肅夏房〔二十〕。寒辰風習習，枯谷露瀼瀼。璧水衣冠盛〔二十一〕，尼山草木香。小臣瞻異數〔二十二〕，拜手效賡颺。

校記：〔一〕『上』，龍眠風雅作『萬』。〔二〕『媲』，龍眠風雅作『紹』。〔三〕『告逢』，龍眠風雅作『吉當』。〔四〕『叟』，龍眠風雅作『父』。〔五〕『清』，龍眠風雅作『重』；『達』作『詣』。〔六〕『流』，龍眠風雅作『河』。〔七〕『仙仗繞』，龍眠風雅作『霏輦路』。〔八〕『峰靄』句，龍眠風雅作『鹵簿晃朝陽』。〔九〕『震』，龍眠風雅作『動』。〔十〕『絃』，龍眠風雅作『簫』。〔十一〕『燎』，龍眠風雅作『烟』。〔十二〕『餚』，龍眠風雅作『虞』。〔十三〕『燦』，龍眠風雅作『吐』。〔十四〕『夾路』，龍眠風雅作『向夕』。〔十五〕『側』，龍眠風雅作『畔』。〔十六〕『鑽仰』，龍眠風雅作『懍優』。〔十七〕『榮緼紱』，龍眠風雅作『承天顧』。〔十八〕『天』，龍眠風雅作『主』。〔十九〕『光周典』，龍眠風雅作『卑安帝』。〔二十〕『肅夏房』，龍眠風雅作『陋武皇』。〔二十一〕『璧水』句，龍眠風雅作『彤管宣揚盛』。〔二十二〕『瞻異數』，龍眠風雅作『逢曠典』。

# 姚士藟二十四首

**姚士藟** 字綏仲，號華曾，文燮子，康熙戊辰進士，官春坊左贊善，有餘齋詠園詩文集。郡志：『兩主北直、湖廣試，所拔皆知名士。爲人敦本睦族，篤實謙冲，鄉人頌之。所著有瞻雲、南歸等草。』貢舉考略：『康熙丙子湖廣典試，編修姚士藟；乙酉順天典試，贊善姚士藟。』唐華孫南歸草序：『華曾官翰林，會上念詞林，遷轉淹滯，特留通補卿寺諸官，取徑捷速，人争趨之。華曾以才器聞望預選，中顧念其尊君年老乞歸，所親勸其少留以需後命，華曾弗顧也。歸侍尊君經年，而有風木之感，服闋後，扁舟尋訪浙閩諸山水，至其大父尊君所宦遊處，爲之悄然而悲，慨然而歎，有望雲之思，陟岵之感焉。今讀其南歸草，本乎性情，原乎孝悌，含英咀華，金春玉應，深厚雄傑之氣，隱然行墨之外，非世之剽竊采掇者，所能涉其藩籬，闚其潭奥也。』楊大鶴序：『羮湖公既宦成，尤屬望其子，而虚槎、華曾至性皆孝友，及羮湖公歸卧黄柏山房，虚槎倅閩，華曾以戊辰成進士，讀書中秘。伯仲宦馳南北，瞻雲陟岵之思，無時去諸懷也。壬申春假歸省覲，踰年羮湖公捐館舍，哀毁過情，而猶幸假旋得覲其親也。此南歸之詩所以志也。』

## 馬蹷

長空號朔風，平野凍積雪。河水結層冰，欲渡不可涉。危梁石齒齒，寒溜鏡古鐵。升降寸步艱，路滑霜蹄澀。天寒汗浹背，庶幾免傾蹷。行行遵坦途，舉首意舒悦。草根無纖塵，沙明襯蹀躞。誰知緩步行，一踣馬骨折。險易勢何憑，倚伏機莫測。太行有全輪，康莊多覆轍。君子防未然，保身貴明哲。寄語世間人，處順安可忽？

結末即人莫躓於山而躓於垤，意憂盛危明，大易豐蔀『濡袽』，所由垂戒，非徒馮長樂走馬之喻矣。

## 謁閔子墓

曉征拂霜花，千山靄朝旭。林樹鬱青葱，白雲覆茅屋。傳是先賢居，古墓華表矗。積雪凛寒威，緬想御車日。有衣著蘆花，異母未云酷。母去三子寒，至性語悽惻。子孝親心慈，閒言何由入。傷哉失母人，再拜淚沾臆。

『有衣』二句，即羅仲素所云『天下無不是之父母』意。

## 鋤畦

牆東一席地，爲園頗有餘。分畦拾瓦礫，可以植嘉蔬。節序亦已後，播種即爲初。老圃授我法，揮汗時自鋤。雨後早甲坼，瓜藤走階除。攀援四壁上，緑陰垂我廬。桃榴遭纏縛，欲斷還躊躇。開花亦爛漫，點綴籬落疏。蟲吟月皎皎，蝶舞風徐徐。偶爾寄意興，竟似幽人居。

『節序』二語可爲晚學者勸，足當箴銘。

## 上方廣看月

杖策萬山中，投宿上方廣。薄暮叩僧扉，日落月已上。佛燈樹間明，禪鐘空外響。籠竹烟霏微，回溪雲蕩漾。清暉逼夜寒，高空倍蕭爽。泉聲不住諠，草間答秋蠁。霜風悲猨猱，山火照魍魎。不知月光移，漸覺樹影長。廣寒蓬萊宫，承露仙人掌。何似萬仞巔，舉頭愜幽賞。瓊臺雙闕間，乘風欲孤往。心平丘壑心，焉能脱塵網？

『上方廣』在天台山石梁之側，泉聲即石梁之瀑泉也。『清暉』二語，非身履其境者不知。



## 水災行

山邊有田飛蓬蒿，河邊有田鳴桔槔。桔槔之聲徹曉夜，補救須視人功勞。河流已竭細如綫，盤轉直上堤塹高。寸波尺水視性命，分溝截澗争纖毫。一夜山雨忽大作，河伯怒激翻神鰲。泥沙衝塌禾盡没，大樹不保根株牢。連朝吚軋艱涓滴，一望瀰漫歸洪濤。旱荒尚有土田在，水荒雞狗焉能逃？蛟鼉穴室屋傾覆，攜兒夜向山頭號。山頭猛虎不足畏，白日噬人悸胥吏。急傳里正去見官，報災先辦查災費。

## 鄭懋嘉同年招飲休園　四首之二

依古樹，謖謖起松風。籬壁遮亭榭，回廊曲曲通。窗明花影外，人坐柳陰中。深竹籠烟白，層臺落照紅。晚涼跨沼長虹闊，縈堤一水斜。荷殘香在葉，桂濕露含花。平石堪垂釣，清流足泛槎。最宜明月夜，按曲拍紅牙。

## 舟中雜興

暫泊朝趨市，喧聲到岸邊。白漂茭菜浄，紅摘水菱鮮。村媪閒編網，橋僧苦募錢。小篷深港出，争唤賣魚船。

風物江東好，深秋畫舫居。自斟三白酒，看煮四鰓魚。茶熟詩成後，香添睡起初。寄書京洛客，清興較何如？

寫小景如畫，『橋僧』句今俗猶然。

## 自嵩壩至天台道中 十二首之二

松出雲飛盡，潭空日照虚。繞林鴉奪食，蹴水鳥銜魚。沙上推船過，山頭引纜徐。無人清絶處，定有老僧居。

深谷誰能隱，前溪路自通。柴門紅樹裏，水碓白雲中。架屋依巖壁，疏泉灌竹筒。有翁扶杖出，或恐是龐公。

## 燈　花

蟲綴釵頭小，蓮生火際微。閃風烟一縷，吐月暈重圍。旅夜閒攤卷，深閨罷剪衣。遥憐占遠客，應怪信音稀。

## 雲和署中　四首之一

廳廨無餘地，衙齋只數間。牆低遮翠竹，閣小對青山。草並園蔬長，花依石蘚斑。庭閒門不閉，溪外浴鵝還。

## 衢州途中雜詩　二十首之二

村烟籠樹密，野照接籬荒。苦蕒挑偏緑，甜瓜嚼亦香。自來魚入罶，不住水舂糧。林下忘機叟，應憐過客忙。

入市門羅雀，當街豎牧牛。民殘無屋宇，官冷對田疇。關隘分龍脊，帆檣集馬頭。涓涓玉溪水，又送出江舟。

## 散兵

血戰關河百萬師，楚歌四面不勝悲。一朝霸業天亡日，千載英雄氣短時。蓋世拔山空自恨，弓藏鳥盡亦奚爲。巢湖風起魚龍吼，隱隱笳聲入夜吹。

## 虎丘遇愷似同賦

才人自昔慎風波，似爾奇寃可奈何。洛下名因司馬重，獄中詩和長公多。厄憐磨蝎同纏斗，窮戒枯魚泣渡河。見説洞庭秋水静，且操漁艇卧烟蓑。

## 虹橋感舊

韶光一别十年遥，旅客重來廿四橋。幾樹桃花春寂寂，半堤楊柳晝蕭蕭。平山夕照迷孤鳥，邗水秋風送晚潮。欲待月明移棹去，勾人又聽畫樓簫。

## 贈制府朱徽暎先生

龍門争慕李膺名，遠泛螺江一櫂輕。荔子香中趨玉帳，刺桐花下捲牙旌。投壺賭墅春樽滿，長嘯登樓海月明。鰍轍獨叨知己誼，鯉庭猶憶故人情。

## 琴　溪

春出小魚謂之琴魚。

琴高仙跡指丹臺，白石長存碧澗隈。一自清溪乘鯉去，至今春漲有魚來。草迷洞口留雲護。花滿爐邊帶雨開。山鳥聲聲多異響，恍疑鸞鶴下蓬萊。

## 錢歐舫表兄寓淳以手書見訊

青溪一櫂御風徐，忽漫淹留且寓居。客裏愁兼連日雨，閒中喜得故人書。夢回鶯谷花飛後，倦起鳩坑茗戰初。異地萍逢還阻越，思君不見轉愁予。

## 兒鈗自永平歸話滇南風景

巉巖金碧映朝暉，倒挂虬松樹十圍。果馬似龍過嶺健，犦牛如蟻入雲微。檳榔霞嚼顔常醉，紅粟香餐腹易饑。忽見霧沾襟袖濕，深林權避雨霏霏。

## 錦　莧

色先霜葉醉臨風，點染新妝學漢宫。雁到江南秋正好，書來爲報幾枝紅。

西湖口號

朝暮觀湖湖態奇，静看奇處少人知。欲明又滅光無定，漸是東方月上時。

## 姚士埜三首

**姚士埜** 字嵩肇，早卒，有如舫齋詩存。

不寐

不寐匡牀冷，褰帷且放歌。一天明月在，半夜客愁多。溪響連霄漢，蟲聲挂薜蘿。夢來驚復醒，試聽幾更歌〔一〕。

過方晏閣句：「草深微有徑，樹静渾如村。」喜孫雨田句：「萬山争送雨，雙澗悄生波。」

校記：〔一〕「歌」，龍眠風雅作「過」。

## 陳大匡齋中牡丹

疏疏楊柳覆雙門，林外鶯啼香滿園。春色一年三月好，名花〔一〕五代幾家存？影移蛺蝶紅生暈〔二〕，葉染芭蕉緑有〔三〕痕。嬌態含情傍階下〔四〕，最堪憐是月黄昏。

四句用香山『看到子孫能幾家』語意。

**校記：**〔一〕『名花』，龍眠風雅作『花枝』。〔二〕『紅生暈』，龍眠風雅作『夢還處』。〔三〕『緑有』，龍眠風雅作『書破』。〔四〕『嬌態』句，龍眠風雅作『嬌豔無情階下立』。

## 遊畫溪

烽火頻仍三十年，空將風景説從前。笙歌聲斷猿常嘯，臺榭基存鹿穩眠。臘〔一〕信到梅偏傲雪，春晴〔二〕歸柳尚含烟。淒涼反覺荒殘後〔三〕，留得山川真面〔四〕全。

**校記：**〔一〕『臘』，龍眠風雅作『臈』。〔二〕『晴』，龍眠風雅作『情』。〔三〕『後』，龍眠風雅作『好』。〔四〕『真面』，龍眠風雅作『本色』。

## 姚士塾一首

姚士塾　字庠若，號松茂，端恪五子，廩貢生，官朝邑知縣，有眉閣集。

### 夏日小憩雲松巢

一几面山設，涼風南北過。花飛蝶戲少〔一〕，果熟鳥聲多。汲水資〔二〕流瀑，哦松理碧蘿。倦來心迹静，小睡意如何？

校記：〔一〕「戲少」，龍眠風雅作「舞亂」。〔二〕「資」，龍眠風雅作「助」。

## 姚士珍四首

姚士珍　字席居，號怡齋，康熙間諸生，有詠花軒詩集。

## 幽　居

幽居傍山麓，門徑繞流泉。松竹自古色，桃李交芳妍。七旬稱古稀，我今逾七年。生兒近周甲，永歡耕硯田。雛孫雖繈褓，嬉笑祖翁前。日夕望山色，空翠多嵐烟。流鶯囀芳樹，嘉魚戲淪漣。萬物均自適，人何受羈纏。攘攘大塊中，喜無外物牽。槿籬衛茅舍，皓月當庭圓。露坐酌花下，長幼俱陶然。

## 秋夜同方望溪先生步月

皓月明無際，幽人溪上行。隔村千嶂影，聚讀一樓聲。雲似魚鱗薄，風將雁字横。歸來庭院静，花氣夜偏清。

## 久雨

雨久苔生徑，無人款竹關。地潮侵榻冷，霉黯點衣斑。水長堤頻決，窗昏樹屢删。倚欄看遠岫，半在有無間。

## 登樓

乘興登樓盡日看，憑窗無處不峰巒。四鄰落葉西風急，千樹棲鴉夕照寬。嵐氣漸收樵徑出，月華初起寺鐘寒。山林滿目誰能隱，笑比功名路更難。

# 姚士堅四首

**姚士堅** 字庭若，號静齋，貢生，有静齋詩草。潘蜀藻曰：『静齋爲端恪公三子，端恪官刑憲，静齋因著讀律摘鈔。邑西挂車河爲省衢通津，静齋募建石橋，並造小艇，以利濟往來，不病涉焉。』姚氏先德傳：『公邃心明史，網羅野乘最多，歷遊秦、燕、楚、豫，時從野老詢明末軼事，爲明史稿，詳慎有體，方之孫甫唐書，惜未成而卒。』

## 王仙佩入都〔一〕

先朝射策主恩優，零落詞壇三十秋。共擬齊賢終〔二〕作相，焉知〔三〕李廣不封侯？文章舊〔四〕占無雙譽，循吏〔五〕誰當第一流。蕭寺班荆忻問字，明朝岐路各悠悠。

三、四運化穩協。

校記：〔一〕龍眠風雅詩題作送王仙佩孝廉入都。〔二〕『終』，龍眠風雅作『還』。〔三〕『焉知』，龍眠風雅作『何期』。〔四〕『舊』，龍眠風雅作『已』。〔五〕『循吏誰當』，龍眠風雅作『循卓行看』。

## 冬日遊深園〔一〕

陟巘臨〔二〕流到社壇，青楓丹柏壓霜寒〔三〕。溪山欲盡漁樵斷，忽有柴門隔水看。

校記：〔一〕龍眠風雅詩題作冬日侍張師同箴我十弟遊深園和張師韻。〔二〕『臨』，龍眠風雅作『迎』。〔三〕『楓』，龍眠風雅作『風』；『壓』作『敵』。

## 袁公渠

袁應泰令河内，鑿太行山麓，穿水爲渠，灌溉萬頃，邑以饒富。

籬外長堤〔一〕浪若奔，滔滔百里繞墟村。穿山引水從汾絳〔二〕，斥鹵桑田長子孫。

校記：〔一〕『堤』，龍眠風雅作『渠』。〔二〕『絳』，龍眠風雅作『縫』。

## 讀岳武穆傳〔一〕

康王秦相兩知音，割地稱藩奉大金。常恐父兄還自北，獨歸母后見深心。

自注：欽宗於韋后之歸也，曰：『傳語九官，我歸得太乙宫宫使足矣。』韋后歸不敢言，蓋高宗之不欲欽宗歸而北面也，故專任秦以事金。

校記：〔一〕龍眠風雅詩題作偶讀岳武穆傳感賦。

# 姚士陛十六首

**姚士陛**　字玉階，號别峰，康熙癸酉舉人，早卒，有空明閣集。鄭方坤國朝詩人小傳：

『別峰少隨父官秦越，得朋友江山之助。其詩不名一家，而緣景繪情，曲折善肖。』張文和澄懷園集姚别峰詩序：『别峰爲階州牧非庵公子，丰標玉立，有光明磊落之概。其爲詩靈心濬發，藻采横流。澤州陳文貞公、静海勵文恪公、華亭王大司農，見其詩皆擊節稱才子不置，後以急友人之難赴閩，卒於錢塘，其子收拾遺篇爲集。』姚鐵也云：『别峰叔溺於浙之門家堰。』郡志：『别峰九歲能詩，兼多材藝，遊歷吴越、都門，所至皆爲傾倒，卒年甫三十六。』

## 華陽古道碑前憶亡友蔣度臣

馬蹄驚塵塞市井，隔岸斜陽照松影。茅君壇下凝風來，瑟瑟笙璆鼓清泠。絳巖雲接大岯山，我有故人居其間。悲歌慷慨死燕市，城頭鶴語何年還？諸孤索食寡妻老，麥飯菁羹憂不飽。當年平原座上入，誰持絮酒澆墳草？東遊薄奠夙相期，心事惟應幽寢知。何堪腹痛停車處，更見華陽古道碑。

## 宋杜太后故里

南征義旗忽回指，檢點還都作天子。吾兒大志果然成，阿母早識心中事。長君大計誤金縢，學究原非社稷臣。崖山蹈海始亡國，先殺官家賢子孫。宋祖入周宫，得二小兒，世宗子也。宋祖授意於清宫將弁，遂斃之。金元再渡，殺宋子孫亦不少矣。天道好還，固自昭灼。

## 李鄴侯書院

微風入谷松有聲，法崖寺中粥鼓鳴。山行客倦喜茶具，竹刀截玉餐香橙。東牆老屋留三楹，荒荒狐兔奔荆榛。白衣山人餘木主，千年潔祀羞香蘅。漁陽鼙鼓震天驚，三郎郎當俄西行。誰令大業起靈武，袖中手敕開清甯。時當險難布公誠，決機帷幄如神明。中興諸將氣懾伏，指揮如意收西京。大功自昔成書生，武夫不學寧知兵？緬公於此久寂寞，蕭然仿佛南陽耕。艱難仔肩定危傾，遥遥蜀相齊英名。公之所遭獨戹抑，奈何閹嬖妨忠貞。猜疑骨肉潛銷萌，摘瓜抱蔓聲淚並。崇陵内忌尚倚重，當時垂老猶峥嶸。神仙之學非恒情，使知富貴鴻毛輕。十年領取殆夙授，懶師一語如平生。我疑師固黄石精，異書密贊奇功成。公與懶師俱不作，芋田日落秋風清。

通首用一韻，而每解起句重用韻似换韻者然。此等章法，遺山集最多。

## 月夜泊慈水　別裁集選

舟泊聞宵柝，鄉心正鬱陶。岸蟲秋老急，江月夜深高。兒女懸雙淚，年華送二毛。嗟余悲失所，蹤跡獨勞勞。

## 西泠感舊　姚遊錢塘，有某姬者傾情許嫁之。姚赴京北試，久未有耗，姬鬱伊成疾，及姚獲雋至錢塘，則已病死三年矣。

江南蕩子恨無家，錦字坊西問狹斜。蕪館蕭燈留蝙蝠，荒陵春水没蝦蟆。路人尚指樓頭柳，漁父空迷洞口花。辜負沙棠舟上客，酒樽書卷到天涯。

窈窕文窗映碧軒，美人家近苧蘿村。芳蘭珮結盤金樣，杏子衫驕潑酒痕。鬭草人歸春綽約，賣花聲破夢温存。争知舊日青驄客，哭過琵琶白板門。

樓間別語太淒清，乍似長生七夕盟。絶代可憐人早死，十年未見我成名。春雲淺土埋蘇小，殘月香詞唱柳卿。安得並驂瑤島鶴，蒼烟吹破嶺頭笙。三四總括四首大指。

西泠碧水漾清紗，橋上黄昏聽暮鴉。榆樹洲邊新鬼火，桃花門裏舊兒家。玉魚葬合肌猶暖，環珮魂歸月已斜。知否蕭郎重到此，短詩和淚泣琵琶。

柔情百結，幽恨千端，蠶盡燭灰，莫名鬱塞，逝者可以無怨，讀者殊難爲懷也。

## 海陽秋寒作詩投主人

海邊城郭雨絲絲，料峭新寒未可持。布被即看丞相儉，綈袍猶望故人知。半生犢鼻長貧客，千里牛衣獨擁時。昨夜秋風砧杵急，關河寥落不勝悲。

## 送五弟　時有蕭山之遊。別裁集選

故家星散最酸辛，兄弟棲棲異國身。又是書來愁滿紙，可憐貧到汝依人。出門含淚初離母，長路銜寒獨問津。未信艱難能早歷，十年前是掌中珍。語語真摯。

宦游記汝懸弧日，一瞬滄桑十八年。早歲負薪廉吏後，重來衣葛故人前。山陰恐載空回雪，父老應遺未受錢。好認荒祠拜先子，江郎橋畔古壇邊。君父非庵公嘗令蕭山，居官廉惠，故六語云然。

七律摘句：贈張隨齋：『感公長者無苛禮，知我生平畏要人。』寒食送琇歸里：『少年不達如春冷，久客能歸抵宦成。』明江道中句：『照人江水一篙緑，落日風帆數葉黄。』泛舟：『帆回鷗鷺迎人起，風壓蜻蜓貼水飛。』

## 無題

牆頭楊柳不棲鴉，風剪柔腸細細斜。惱煞薄情春夜雨，無端零落海棠花。

## 送齊天霞

元叔詩篇絶愴神，一囊錢傲腹書貧。休言皇甫尊逢掖，座上紛紛食雁人。

## 鄭州道中

柳根酸棗曲籬遮，茅屋三間賣酒家。日暮鄭州城北路，秋風低颺木棉花。

## 任蘅皋納廣陵姬

掌領書籤與酒瓢，閒將明月命吹簫。可知芍藥新翻曲，依舊風流廿四橋。

過邯鄲訪舊不遇

走馬曾攀路柳枝，郵亭幽事有人知。教坊小婦吹笙夜，猶譜陶家學士詩。

## 姚士圭七首

**姚士圭** 字時六，號竹廊，康熙丙午副榜，密縣知縣。馬樹華曰：『先生雍正中，以品行才猷，薦授永城知縣，調密縣，境有虎妨耕，先生爲文虔禱，募鄉勇捕之，數日虎悉去。大旱禱雨，即得甘霖霑足，士民愛戴之。一日有彷彿見其公服詣城隍廟，頃之聞得疾卒，父老聚哭，傳其爲城隍神也。士民思之，乃建專祠以祀。』

送卿如姪令黔中

治譜家傳舊，銅符爾握新。字人惟愷惠，潔己在清貧。霧重千山雨，雲歸四野春。此鄉多瘴癘，去去慎風塵。

## 殘菊

冒雨開偏早，經霜落轉遲。夢寒香到骨，影瘦月盈枝。蕭瑟連蛩語，離披伴酒卮。可憐陶靖節，惆悵任東籬。

## 送裴青軒之遼東

嗟爾投荒事亦奇，家亡産破杳何之。轉因華胄招流落，却望沙場慘別離。匹馬遠隨三尺劍，孤裝輕束一囊詩。黄榆白草連天闊，潦倒誰人説項斯。

## 芍藥

問名何事是將離，送盡春風破蕊遲。開靨每隨櫻筍候，含芳常俟牡丹時。團團軟玉攢青砌，片片香雲擁緑枝。辜負家園留勝賞，客窗無藉自題詩。

## 次裴青軒秋夜宿冰玉堂雨中感懷原韻

夜半秋風拂短牆，絲絲小雨作新涼。戍籌報緊三更轉，旅夢初回萬里長。塞北無家營稷黍，江南有恨寄縹緗。何當我亦逢摇落，怕聽砧聲惱客腸。

## 張硯齋太史賜硯直内廷

相門才子玉堂仙，侍直新霑雨露偏。鸜鵒晶瑩開寶匣，龍蛇飛舞捧瑤箋。時依瑞宇衣香惹，側閲藏書密勿傳。自是元成知遇厚，鳳毛繩武近堯天。

## 燕河張烈婦

結褵恩義重如山，大節分明未等閒。巾幗自能輝白屋，鬚眉恒自愧紅顔。化流讓國遺風裏，志在崩城烈性間。染翰重看湘竹管，千秋猶見淚痕斑。

# 姚士基十七首

**姚士基** 字履若，號松巖，康熙壬子舉人，官羅田知縣，有松巖詩集。郡志：『士基令羅田，弭盜以牌甲，催科以紙皂，建公堂，遷學宫，祠忠烈，置義塚，設渡筏，皆以實心行之，卒官。後羅人建祠，歲以其生之日祭之，稱姚公會云。』朱陖松巖集序曰：『君奉趨庭之訓，耽書樂道，事事超卓，故其爲詩觸景入情，發言有章，且才高而不炫奇，學富而不務華。長篇短詠，委折盡致，尤非等閒之士所可及。』馬源松巖集序曰：『先生爲端恪公子，家居喜幹濟其邑人，居官爲循良最，没而所治祠祀之。其爲學於五經皆有訓釋，尤好通鑑，披覽貫穿，參較於今之所宜，將起而見之施行，建白而恂恂簡重，務自得而已，未嘗誇示於人爲聲華之地，故其爲詩，境之所觸，心之所之，一一稱情，而言及量而出，不假所無，不溢所有，不獨雕鏤，靡巧之習不屑以爲，並鋪張緣飾之詞亦汰之淨盡矣。』

## 賑粥紀事

嗟嗟吾桐人，旱災年年受。傍山艱橡榆，近水鮮菱藕。婦子甘流離，四方且餬口。伯叔心惻然，大呼倡諸友。欲踵壬子規，賑粥蘇黔首。聚議連數朝，自辰動至酉。壬歲屢豐餘，家或餘粱糗。茲旱已三年，阻饑十室九。况復紛流民，沿門捧瓦缶。食者較昔多，施者能繼否？相對慷慨言，矢神荷重負。救荒如救焚，安容計長久。但得緩須臾，縱死已云後。開廠以日計，募米隨升斗。果然善心同，樂輸無煩誘。童子解佩環，賢媛輕瓊玖。更有五巖公，督學吴先生。馳書到甕牖。白粲三百石，輸積忽如阜。邑侯李公賢，捐俸謀薪槱。輸米兼輸蔬，關心到瓢籔。卜地宜何之，西郊舊林藪。起棚避風雨，别號殊男婦。司火倩律僧，儲水假甕瓻。職事更番休，五人爲一耦。每五人直一日，廿日一輪。庀飭事事周，吉日先乙丑。以甲子日開廠。忽思衆蜂屯，争進恐踐蹂。秉燭急鳩工，臨塘築牆陡。中斷不相通，出入分左右。清曉朱旗搴，鄉鄉望奔走。駕肩高小兒，前手護老母。魚貫入號來，彼此互於喁。千人静無譁，側耳梆三扣。以三梆爲散粥之號。散粥手不停，流歠聲如吼。果腹出紛紛，惟餘一老叟。欲食似已飽，欲停難釋手。云是鳳陽人，入春餐稂莠。粒食欣一逢，君子幸無趣。哀哉旱何廣，生民真不偶。賑粥及一方，安能遍九有。所恃君王仁，尤祝天心厚。發倉接麥秋，膏雨渥南畝。百室重盈寧，躋堂獻春酒。

## 途中吟

北地食無魚，况乃大道側。秋水漲經時，魚苗分如織。玆種何自來，天心此可識。生意滿太虛，因物彰其德。寸土草以蕃，尺水魚亦密。斧斤與網罟，不害其滋殖。但恐絶其因，其機乃或息。是以至人訓，天命因人立。造化本無心，内省三太息。

虬松滿山阿，斯之以爲薪。晝松不盈丈，論直千百金。似真貴若此，何不貴其真。念我瀑隱亭，種松途十春。此時已楚楚，他日應龍鱗。安得卧其下，笙簧朝夕聽。

聖人重富貴，不義乃浮雲。上古無巧宦，盛世鮮逸民。夷齊與逸惠，各以獨行稱。巢由讓天下，自知德不勝。潛身老巖穴，豈博高隱名。陵夷漢唐際，位不以德升。舉世半碌碌，斯人始千春。高卧百尺樓，看我走風塵。風塵二十年，經營何所成。行披真隱傳，愧爾蓬蒿人。

違水入村行，夾道柳依依。秋風一振蕩，落葉滿征衣。渡橋魚避影，穿林鳥移枝。萬物有止息，余休豈無期。前山正歷歷，揚鞭向翠微。

## 宿農家

村酒雖云薄，頻斟面亦酡。屋低人聚暖，草軟倦眠和。霜月當窗淨，松風到枕多。夜長忘輾轉，不問夜如何。

## 閲通鑑竟漫成

知今慚我拙，學古愧前修。敢説抄三字，聊云閲一周。微言書外得，壯志此中酬。斗酒真堪下，芳醪日日浮。

## 老農胡堯則飯我茅舍

老農真率甚，邀我坐茅堂。飯煮新秔軟，蔬烹百合香。苦辭山味少，深喜野情長。欲起頻相挽，峰峰亂夕陽。

## 多雲鎮途中口占

一入多雲鎮，青黄滿望中。已膏郇伯雨，只畏大王風。地有風穴，每禾至收成時畏之。俗樸宜官拙，民安在歲豐。蠲租昨有詔，四野樂融融。時詔蠲湖南租，將以次而及也。

## 山居

杏蕊繽紛又一春，白衣荏苒坐松筠。閒攤故帙何須記，倦聽新聞不必真。濁酒半壺消磊塊，好山一杖遍嶙峋。村童暮自城邊返，笑問看花有幾人。

## 扶笻

半月鄉居學老農，扶笻田畔任西東。分秧急望旬頭雨，耗水愁聽長脚風。夏日南風過午不息，鄉人謂之『長脚風』，一發必三四日，耗水尤甚。自是謀生期歲稔，豈專爲國祝年豐？昨宵又到催夫吏，于役紛紛春暮中。

喜晤李梅巖同年於上谷時駐節真定訂余爲恒山之遊

視草明光夙擅場，擁旄猶帶侍臣香。李以庶常陟今官。争傳蘇軾宜中禁，暫借韓琦鎮太行。秋塞校旗懸小白，春郊考牧散飛黄。提督三關兼理馬政。鶴書聞説褒循吏，卿月霏微待未央。

上谷連朝駐八騶，多君念舊意綢繆。抽毫憶共三英座，執手深期十日遊。人近赤帷瞻峻節，銘吟雪浪倍風流。行邊玉帳陪高宴，倒馬關前恰盛秋。

同仲昭卿如錞兒魚計亭看月

山抱方塘水繞亭，山容澹澹水泠泠。水光漾月浮空白，山影沉波傍檻青。人怯飄風催暖酒，魚驚爆竹動浮萍。小舟買得春深泛，樵唱漁歌好共聽。

### 對窗前十姊妹花

飛燕輕盈冠漢宫，猶嫌合德住椒風。同根憐爾無情物，歲歲齊開幾樣紅。

### 過黄粱夢謁吕仙祠

駐馬荒祠野趣幽，碧流清映碧荷秋。若教五月當風卧，宛在亭名亭中是十洲。

歲月天人一樣遷，盧生何事羨神仙。殘棋一局樵柯爛，輸爾豪華八十年。

## 姚孔鏞四首

**姚孔鏞** 字柷如，號西疇，康熙間貢生，官合州知州，有西疇詩集。姚氏先德傳：『公令羅山時，夜出巡盜，即所劫處飛騎逐之，中道悉縛，群盜聞之大懼，遂息。歲旱，徒跣禱祈，仰天號泣，輒得雨。後擢合州，歷署牧令六七，所至裁陋規，除苛政。初，嘗以孝行上聞，欽旌孝子。』

## 觀漲

聞道南溪漲，同登百尺臺。氣蒸平野失，聲挾萬山來。紅日明光碎，青天倒影回。群流終有會，自可到蓬萊。

## 舟中懷南賓弟

野水參差落翠濤，手扳衰柳繫輕舠。疏星幾點寒山小，圓月一輪秋色高。唧唧野蟲吟草岸，聲聲村鼓動林皋。霜侵大被誰來共，堅坐中宵攬緼袍。

## 涵遠軒落成詩 十首之一

冬日荒城事事幽，數株楓葉絳如秋。林深空翠層層出，晝静寒溪活活流。殘照半山嘶飲馬，西風一笛下歸牛。平生也過山陰道，可勝茅軒卧處游。

送葛茂草入都兼柬令舅氏吴友季先生

鳥道千盤水一川，孤城斗大踞山巔。雲嵐罅裏牽孤纜，風雨聲中響杜鵑。柳色無邊先落絮，朋尊有幾又離筵。渭陽訊我今何似，枵腹官齋只醉眠。

## 姚鈴二十首

**姚鈴** 字卿如，號梓嵐，士塾子，康熙間附貢生，官處州知府，有葭齋詩集。姚氏先德傳：『公由貢生官貴州湄潭令，擢京府通判，遷户部郎中，出爲紹興知府，調處州，所至勤政愛民，吏民咸嚴憚之。』

三都館

放懷天地間，何者爲不朽？忠孝與節義，川嶽同悠久。吾鄉忠毅公，别墅龍眠口。野老導余前，振策沿溪走。一徑入幽深，秧針緑盈畝。老屋蔽修篁，晴窗拂疏柳。松種老龍鱗，經營出其手。滄桑已變更，文孫猶善守。勝地以人傳，烈烈悲風吼。

## 王莊

堤轉六橋東，峰陰愛縹緲。中丞舊平泉，莊爲方中丞别業。休沐恣登眺。舞榭雜歌樓，畫舫溪濱繞。當璧際神宗，富庶及池沼。至今傳高會，銀燈浮木杪。火樹失蟾光，管絃醉通曉。兆忽蒼鵝飛，亂起赤眉擾。蹂躪此嚴阿，烽烟絶飛鳥。零落到梨花，檀欒剩幽篠。抗懷秉燭游，春光趁未了。

## 品泉隈

昔聞品泉隈，支筇冬日暝。迄今四五年，未盡探幽興。春晴得賈勇，披榛躡危磴。鳴珮泉聲來，颯颯松濤應。青鴛刹上開，雲際落鐘磬。黛色俯千峰，麥畦斜一徑。素壁仰銀鉤，墨妙伯時剩。『品泉隈』三隸書，李龍眠遺筆。筆法沿邈斯，矛戟縱横稱。摩挱竟忘言，趺坐入禪定。黄精如可餐，不羨蘇門勝。

蘇惇元按：『品泉隈在椒園之上，椒子巖之旁，三字刻於石壁，倣漢篆，非隸也。崖上下仍刻有「蘭亭、舞雩臺、游龍峪」等字，皆楷書，惟此四名不在伯時山莊二十景之内，固非伯時遺筆，殆北宋以後之人效伯時山莊而命名與？』

## 宋州行

驅馬忽向微子國，烟火聯綿好城郭。修竹萬竿何處尋，昏鴉一片斜陽落。平沙列幕陣雲空，當年汗馬旌旗紅。黄塵慘淡鼓聲死，轍亂重圍胡至此？一妾能分食幾人，一面能當中幾矢。但得軍勢延須臾，可憐半壁猶堪倚。君不見古廟悲風動地來，星寒嶽振青燐起。

## 題石田翁畫卷

新笋抽梢已成竹，百囀流鶯森夏木。隱囊攲案北窗前，坐爇名香披畫幅。石田自許追雲林，老筆縱横氣蕭肅。困蠢昂藏樹幾株，石路荒岡帶茅屋。書帷相對葛天民，一人趺坐一人讀。安得置身此畫圖，忘形爾汝媚幽獨。

## 筠翁行

老僧玩世醒如醉，茫茫蹤跡何乖異。回首興亡無限情，浮生一局楸枰寄。自言華胄出雲間，經駝白馬來西山。推宅許詢結浄果，萬壑丹崖駐老顔。十年笠渡還京口，鯨魚吸浪蛟龍吼。我祖擁傳下江南，先祖康熙癸丑奉命江南。曾共仙槎泛牛斗。轉瞬熒惑煽南滇，錫飛不得隔烽烟。量沙聚米入軍壘，忠肝鐵騎横戈鋋。笑殺反側真豎子，諸將攘攘圖金紫。魯連一矢墮營中，轍亂旗靡事已矣。吴三桂之逆蕩平。昨朝捫蝨説從戎，劍拔弩張旌旗紅。歷歷山川猶指掌，垂老悲歌哭路窮。飄零竿木今何往？秋風颯颯庭柯響。刻燭敲盤短句成，大叫一聲秋月上。

## 古函谷關

設險關門壯，微分一線天。陰晴變瞬息，洞穴據千年。馬首峰回轉，羊群壁倒懸。山靈蟠浩氣，欲拜意茫然。

龍逢墓即在關口。

## 金波院

屋背華峰下，柴門面石田。丹楓烘落日，清磬亂鳴泉。鶴放雲深處，猿啼果熟天。籬邊黃菊好，秋色想龍眠。

## 青柯坪

細路穿岩腹，危橋度曲蹊。孤筇楓葉暗，雙屐白雲低。佛像鏤空谷，樵歌落石梯。疏鐘何處發，嶺外夕陽西。

## 春日秦關雜紀 四首之一

百二雄關峻，門開華嶽新。河山環八水，鎖鑰壯三秦。守險仍今日，屯兵憶古人。不堪憑吊處，慘淡起黄塵。

## 送麻衛伯還朝邑　三首之一

尋師歸隱後，秋色破柴扉。跋涉忘途遠，文章感遇稀。到來楓漸赤，醉把蟹初肥。記別桃林路，山山落照微。

## 尋　秋

書劍學何益，科頭盡日游。棋聲幽院落，峰影一亭收。徑轉青松合，溪清白鷺浮。關心惟用武，消息聽封侯。

## 孤　山

蒼翠渾如滴，孤蹤信一舠。山光青到目，湖水緑平篙。散髮春風冷，狂歌新月高。此中多意緒，不獨寄離騷。

## 洛陽懷古

瀠洄瀍澗曲流通，山勢嵯峨驛路雄。陵寢已隨秋草没，樓臺尚映夕陽紅。銅駝街拂長堤柳，夾馬營歸絶塞鴻。□□□□還厚幸，慘然徒逐暮烟空。

## 衛伯自秦來悉吴得之近況詩以道意

好事聞君勝昔時，年登耕織强支持。跨驢酒肆頻呼友，調犢桑田復抱兒。風雨數椽偕隱足，圖書半壁樂饑遲。明秋肯就龍眠道，門巷丹楓桂蕊垂。

## 侍大伯父尋秋北郭歸途以菊貽大人

探勝巾車向水隈，瓜棚趺坐共傳杯。霜濃楓葉臨風豔，雨過秋花著意開。遠寺鐘聲浮嶺外，前村樵唱隔溪來。歸筇分得籬邊菊，笑博吾翁手自栽。

## 寄題馬菱塘司諭山志草堂

菱塘書云：『決意尋故園丘壑，以「山志」名其堂。』

十載鍾離我舊過，官齋十笏隱藤蘿。近聞結構軒楹敞，小試經綸種植多。桃李陰中窺柱史，管絃聲裏走淮河。故園丘壑知相念，回首遊縱一放歌。

## 題清聚山房圖送四伯父之任羅田

疏籬曲徑熟黄梅，翠竹干霄手自栽。漠漠水田人叱犢，野香亭畔稻花開。
松筠深處閉柴關，此去鳴琴春晝閒。攜得龍眠圖一幅，退公長對意中山。

## 夏日漫興　七首之一

爐烟蒲草遂生涯，雲卷晴空晝不譁。雨點忽傳蕉葉響，滿庭疏影落槐花。

# 姚孔欽四首

**姚孔欽**　字崇修，號桃溪，增監生，早卒，有桃溪集。潘蜀藻曰：『崇修爲端恪公孫，嗜古力學，工爲詩，戴佩若稱其思清韻遠，惜卒年甫二十六也。』

## 詠　古〔一〕

漢亡不由曹，魏分不由齊。賈詡與子如，首禍何昌披〔二〕。臍中然燈〔三〕日，膝下横刀時。李郭謀解散，世隆思不〔四〕歸。太阿歸王室，清晏〔五〕其在兹。如何一借箸，兵戈日益滋。

朝廷將盡殺涼州人，賈詡一言遂亡漢鼎。厥後爾朱世隆亡魏，亦由司馬子如之言，两两拈出，匪特精於論古，亦可爲一言喪邦，一言僨事註脚。

**校記：**〔一〕龍眠風雅詩題作偶詠。〔二〕『何昌披』，龍眠風雅作『不能辭』。〔三〕『燈』，龍眠風雅作『火』。〔四〕『不』，龍眠風雅作『北』。〔五〕『晏』，龍眠風雅作『寧』。

## 秋日同十叔大兄游平山堂

平山堂據蜀岡起，楓葉千層爛紅紫。疊翠參差古柏端，長江縈帶斜陽裹。太守風流此〔一〕壯觀，江山勝蹟古今看。傳花載酒誰能續，衰草離離秋月寒。

**校記：**〔一〕『此』，~~龍眠風雅~~作『留』。

## 石　溪

不盡尋幽興，扁舟渡水涯。烟寒明雁字，日暖見魚花。怪石回樵徑，空山亂菊華。疏鐘何處動，野寺傍溪斜。

## 七　夕

今宵〔一〕幸相見，倏忽又分離。聞説天河淺，其如有定期？

校記：〔一〕「宵」，龍眠風雅作「夕」。

## 姚湘三首

姚湘　字行表，雍正甲辰舉人，官常熟教諭。

### 郭林宗墓　別裁集選

知人薦士緬遺蹤，此日經過馬鬣封。一木勢難支大廈，六屯禍不及潛龍。登仙只合同元禮，表墓徒聞誌蔡邕。更有申屠高格調，短衣徒步爲人傭。

沈評：『桓靈朝局黨人，多以標榜喪身。惟林宗不爲危言激論，得以免禍。三、四語括盡，末引申屠蟠之爲傭，見其更高也。詩須如此，方不浮泛。「潛龍以不見成德」，郈原語。四句用此。』

### 梅　別裁集選

任爾冰條遏粉痕，何須紙帳護春温。紅亭遠隔人千里，翠羽初飛月一村。留得寒香清到骨，莫聽羌笛暗銷魂。幾年辜負西園約，凍合孤山獨掩門。

沈評：四句與『愁在三更挂月村』同妙。

## 荆州道中

女嫛砧響杳冥冥，楚些吟成不忍聽。行過渚宫神黯淡，猿啼夜半在空舲。

# 姚孔鑌十一首

**姚孔鑌** 字南賓，康、雍間監生，有尺蠖軒詩鈔。張硯齋序詩鈔曰：『南賓甥少負軼材，夙承家學，與其諸兄弟深心易氣，讀書纘言，工爲詩，襟情自寫，吟詠送日。及客江漢、劍南，選勝探奇，抒懷寓目，風骨秀拔，興寄綿邈。其語言之妙，足使山川風景湧現於行間，晴明晦雨渲染於楮上，要皆以己之性情與外間之境會，相爲映發，和平温厚，成自然之聲響。』兄紉齋序曰：『南賓弟敦行力學，筆耕四方，試不遇者二十餘年，生平爲詩凡三集，及後館京師，未二年，長幼四子相繼而夭，憂憤成疾亦卒。詩文俱零落。嗚呼！生無所遇，没無所傳，其抱恨安有極耶！今爲搜輯遺稿，得什之四五。兄子導山守杭州，因付之梓云。』

## 秋閨憶　三首之一

燕婉十餘年，息意平爲福。離別日苦多，君行何僕僕？昨夜夢歸來，悲喜併在目。嬌兒別後生，嬌女長不育。拭淚未一言，驚魂两奔逐。晨雞鳴高樹，空牀人獨宿。

## 看花歎

今日花已落，昨日花正開。花開令人豔，花落委塵埃。寄言種花者，莫爲花徘徊。春光只如此，旋去亦旋來。

## 種　菊　四首之一

東籬頗不寂，黄花隨意開。種類亦復佳，聊足適所懷。盡物美不足，貪奇志轉乖。有酒壺自傾，花鳥相與偕。頹然景象忘，此心何去來。

自陶公來。

## 賈閬仙墓

荒烟迷蹇墟，蔓草延纖路。捫蘿上翠岑，白雲莽回互。不知空山中，乃有詩人墓。緬想跨驢時，推敲覓佳句。明月夜何其，吟魂自來去。

## 送客西遊

曾入雁門關，傷心行路難。馬嘶平野闊，山度亂雲盤。塞葉先秋脱，邊風逼夏寒。從兹千里夢，相憶夜漫漫。

## 仙棗亭

但餘仙棗亭，烟雨晝冥冥。玉笛聲何在？黄粱夢未醒。寒江千載白，老樹一邊青。憶想升仙處，清風來楚汀。

## 雨後過明月池

廢池不受水，驟雨漲平沙。明月歸何處？空階鳴亂蛙。緑情酣細草，紅意發孤花。惆悵殘碑碣，江城日已斜。

## 登雲山謁歐陽公祠

似入雲深無路通，忽逢祠宇翠微中。才名何處逃居士，山水之間有醉翁。紅葉黄花明夕照，幽篁古木冷秋風。曾聞村壑環滁美，借問如今可異同？

## 贈僧上華嚴寺

七尺枯藤手自持，遠公相伴遍天涯。須知柏子西來意，莫問松枝東向時。鐘動白雲林未曉，鋤殘明月夜歸遲。猶疑結習除難盡，一卷丹青數首詩。

## 晚泊野寺

何來潮漲失平原，波湧新痕到寺門。繫艇垂楊移舊岸，賣魚小市隔孤村。數聲鐘落空林静，一點燈懸古佛昏。不是老僧能好客，夢回秋水更傷魂。

## 題麋陽客館

一尊清酒酹花神，仍舊年年占早春。但使風光共憐惜，看花何必種花人。

# 姚孔鈵八首

**姚孔鈵** 字鐵也，雍正丁未舉孝友端方，官至廣東惠潮兵備道，有客遊、宦遊、還粤念劬等草。沈德潛序曰：『公爲桐山名族，承先德，負異稟。其爲詩，將之以至性，達之以至情，可以勸忠，可以教孝，皆有關名教之作，而非尋常嘲風雪弄花月者，可同日語也。』陳祖范序曰：『詩之爲言，持也。所以持，性情也。性情不存，是詩之末流也。今於公詩客遊草見窮約之守焉，宦遊草見經術之施焉，遷粵念劬草見忠孝之本焉。吐弃浮華，直揄胸臆，榮利不入於心，倫紀獨縈於念。蓋非詩人之詩，而退之所云「餘事作詩人」者之詩也。』王峻序曰：『先生天稟純粹，居家孝友，壯歲遊覽山川，客所幕設施之具，早能練達，及舉孝廉，自縣令郡守，洊歷監司，凡采風訓俗，爲上爲民之意，與夫望雲陟屺之懷，悉寓之於詩；其調和平而不涉怨懟，其辭真率而不屑藻繪，非有得於詩人之本旨而能然乎！』

## 獨秀峰登高 山在桂林城内。

怪石行來看未已，奇峰半入城郭裏。峩峩此山絕衆山，撑空一柱絕依倚。當年曾供苾芻居，花見青葱雲紫綺。又經朱邸竊黄扉，翠黛紅螺相炫美。山之陽爲殘明靖江藩邸，永曆皇城。千載可憐幾劫灰，清淨繁華同逝水。孤標面目尚依然，舜廟堯祠相對峙。遺跡巖前有宋存，始安太守讀書紀。石上鐫有『顏公讀書處』字，相傳爲劉宋始安太守顏延之讀書於此。書聲此際不可聞，上有松濤下石齒。把酒一呼山谷譍，恍惚五君偕至矣。延之謫居此地，作五君詠。

## 武源舟中

一派水雲鄉，村村導小航。菱風招估客，蜑雨集漁郎。夜柝橋邊柵，官錢陌上桑。扣舷歌興發，可是詠滄浪。

## 過十八灘和東坡韻

涉世誰非涉險人，勞身難得自由身。大千世總同魚婢，十八灘憑逐雁臣。每遇石清思礪齒，驚看浪白不生鱗。漫云古道名惶恐，對此茫茫底問津。

## 讀駱臨海集題後

誰將四傑並名字？辜負烏傷忠孝人。折檻朱雲甘入獄，陳情李密總依親。張王揮日心先奮，狄相回天志始伸。我昨香醪酹祠墓，遺文讀罷更傷神。

## 敬和慈大人游浮山韻

板輿竟日耐晴風，名勝都歸拄杖中。倦憩小舟輕似葉，湖光清澈蟹燈紅。

## 肇慶即事

水氣蒼茫帶海烟，枕江高峙女牆堅。蘭錡刁斗都森列，道是軍中破浪船。
嗚鐃擊鈸鬧烟波，祭賽人間樂事多。不用銀箏和象板，梨園法曲木魚歌。

## 贈鳩江陸虛舟

忽漫相逢客九秋，彈棋鬬酒趁風流。他時攜手同登嘯，謝脁青山李白樓。

## 姚孔鈵九首

**姚孔鈵**　字道沖，號歸園，雍正間由保舉，官至贛州知府，有抱影軒、心香齋、南陔、叱馭等集。王懷坡南陔集序曰：『歸園舅氏稱詩江介者三十年，舊有抱影、心香兩刻。歸養後，詩益富，是爲南陔集，識愛日也。舅氏典郡多治行。聞太恭人以叔子病，居常不樂，遽棄官歸，燠室風亭，隨時備養，慈闈暮齒年及九十，亦孝養之徵也。今讀集中家庭諸詩，至性溫如，不啻探諸人人肺腑而出，其古循陔之遺意歟！舅氏論詩之緒，以緣情爲主，而音歸於成文。讀是集者，可以知其概矣。』姚氏先德傳：『公爲恩平縣，嘗從容辨劇賊，辨八命之獄，及知韶州，明翁源民控婦毒其子獄。知贛州，上召見，諭曰：「以汝忠厚誠實，肯用事，故用汝。」其爲上所知如此。』

### 哭兒漣　四首之一

生平慕老莊，百憂善解脱。區區兒女情，何難付曠達。胡爲今日悲，寸腸乃如割。死者長相别，生者慟難閼。灼灼窗前花，芳香正初發。狂飆動地來，一夕看摧滅。哀哀杜宇聲，啼處皆成血。謂我不傷懷，我心匪鐵石。

吴門懷古 三首之一

姑蘇臺上月，曾照春宵宫。銅溝接玉欖，水流香溶溶。四時花鳥集，百里笙歌通。美人舞殿上，敵國眠薪中。越兵渡湖水，一炬館娃宫。可憐忠臣首，鬚髮猶奮雄。古今一瞬息，興亡兩焉同。奈何綺羅習，遺累傳吴儂。

以吴人綺靡歸獄夫差，自是確論。

拜先大夫墓 時蒙旌孝子。

遊子歸田日，秋風掃墓時。熙朝崇孝理，潛德荷天知。未遂生前志，重新殁後碑。松楸幸無恙，瞻拜不勝悲。

## 同方息翁諸子集飲小軒

夕陽明半軒，孤興發清樽。正好故人至，不聞寒雀喧。微吟愛霜月，眾妙集元言。預訂明朝會，尋詩黄葉村。

## 村居秋日

社近家家樂，豚肥酒熟時。老人聊舊會，士穀葺新祠。簫鼓成村調，衣冠盡古儀。參差羅拜處，笑語雜孫兒。

## 人日奉慈大人南園從母两姊東皋宴集

曉晴款段出林皋，踏碎殘冰度石橋。四野緑烟春已動，半篙新水雪初消。風吹鳥語聲猶澀，人坐梅花影共飄。碧磵香芹桑落酒，不辭小酌醉終朝。

夏日過連理亭賦呈方齋夫子

長日深林雨霽初，涼生小閣坐臨渠。碧紗窗下三篙水，紅藕花中一榻書。樵唱破雲來嶺外，松聲送月上階除。披襟人勝香山老，更恐屏風畫不如。

吴若山秋蔭讀書圖

把卷閒吟秋樹根，當年爾我共朝昏。松枝成蓋桐蔭滿，風雨瀟瀟古巷門。

舟行將抵家和内人作

五架三間舊草廬，馬牛何事共襟裾。龐家谷裏閒風景，爾補寒衣我種蔬。

## 姚孔鈵八首

**姚孔鈵** 字梁貢，號于巢，雍正間廪貢生，有華林莊詩鈔。方扶南華林莊詩鈔序曰：『于巢之詩，各體具備，上而漢、魏、晉、宋，下而唐、宋、元、明，皆得其聲響節簇、範圍規橅。其取材經疏、史傳、説部、詩話，莫不網擇而弋取。其變化以杜爲主，揆之張爲主客。圖則太白、昌黎、任華、盧仝、東坡、放翁、遺山爲客。一出一入，莫可端倪。其兼長如此。』兄孔鈉曰：『梁貢天性純誠剛健，酷肖先大夫。平素孝於親，友於兄弟，篤於宗族。因余與道沖先後應徵辟，範冶又讀中秘書，乃專自侍養太夫人，有薦以應詔者，力謝不就。十年來獨肩家政，勞而致疾，非孝友之所致歟！余嘗勸其鐫所作詩，今所鈔者删汰過嚴，第存十之二三耳。』

### 乍浦觀海

生計從故吾，眺覽快遊目。當春海上觀，不與蜂蝶逐。泱背失穹蒼，垂首靡坤軸。中流湧雪山，微波起旋伏。千帆散如葉，去來甯須卜。一越届三千，比鄰通異屬。嗟彼釣鼇人，此心猶碌碌。安得及春潮，使我載醽醁。爛醉乘古槎，直泛星河曲。

老　樹

豈止十年計，蟠根自古今。看花誰是主，有葉不成陰。春雨滋青蘚，秋風響碧岑。山翁閒話舊，前代亦森森。

蘆　口

清溪如帶響潺潺，半繞桑林半東山。樹下麥畦新著緑，巖前石壁舊凝斑。波澄飛鳥一雙影，烟鎖荒祠三兩間。雨檜風篁寒意足，雁聲嘹唳荻蘆灣。

立春日

殘年未盡春先到，臘雪纔消梅始華。籬外乍聞山鳥過，階前微露草痕斜。青旛綵勝人傳酒，暖日輕風客憶家。正好江鄉酥酪美，小窗兒女説天涯。

## 里門謡

荷葉從藕發，荷花託藕生。翻因藕絲斷，隔絶花葉情。

## 富春江

帆影依稀樹影疏，水窗開處墮蟾蜍。沙平潮落江如鏡，野火沿灘人打魚。

## 薄暮郊行

幾家茅屋不成村，紅藕花邊白板門。人過小橋鷺鷥起，一行飛破晚烟痕。

雨中立曇花亭望下方廣

石橋險窄路紆回，古殿風鈴帶雨哀。僧指松林頻俯瞰，激湍縈處寺門開。

## 姚孔鋠十首

**姚孔鋠** 字範冶，號三崧，雍正癸丑進士，官編修，有小安樂窩詩集。省志：『時詔舉文行兼優，張文敏照、楊勤恪以孔鋠應召，見詢家世，上曰：「桐城張、姚爲江左世家，即古之朱、陳也。」謂孔鋠純謹，賜扇紵，後當遷官，以母老陳情歸養，遂不出。』

山中訪静庵上人和孟浩然尋青山湛上人韻

霽景上林杪，山風吹濕翠。鹿跡隨樵出，鳥聲喚客至。訪師陟山椒，瘦笻代輕騎。聞鐘佛樓近，隔水徑轉邃。十載别遠公，相思勞寤寐。再喜瓶鉢親，益瞻丰骨異。歸來西山陲，歷遍南朝寺。玉麈手中揮，一暢秘密意。直使頑石靈，豈惟動含氣。丈室坐冥心，形骸舉可棄。

執事内廷二鼓始竣禁門已扃内大臣遣宿衛者持燭送出出東闕者于殿撰敏中黄檢討明懿出西闕者余與樹彤也〔一〕

魚鑰傳門禁，詞官下直來。漏沉青瑣闥，月滿右銀臺。不避金吾出，相隨羽騎回。撤蓮同異數，殊愧昔賢才。

校記：〔一〕詩集詩題作己未十一月初十日内廷執事漏下二鼓始竣禁門已扃内大臣遣宿衛者持獨送出東西闕門由東而出者于殿撰敏中黄檢討明懿由西而出者余與樹彤相屬各賦詩一首以紀盛事。

和陸魯望郊居詩〔一〕

結屋依南郭，投簪賦瑟居。地偏宜種竹，室小僅容書。心跡弛銜馬，生涯縱壑魚。何須羨三望，緩步久勝車。

校記：〔一〕詩集詩題作讀陸皮唱和詩有郊居五律十首魯望天懷閒曠出自然襲美刻意穿凿終成饒舌

因和天隨子十章聊以見志。

## 贈詹翁

築室遠人境，自忘幽徑深。水聲淘世慮，山色媚閒心。客有陶貞白，僧來支道林。倚松發長嘯，聲和九皋禽。

## 送張徵遂北上

我老樊遲稼，君彈貢禹冠。論心經燭跋，折柳惜春寒。得路驊騮壯，承恩雨露寬。時清吾道貴，山澤戒懷安。

## 幽居

投子當樓一抹青，居雖近市户常扃。道人爲授餐芝法，野客閒傳相鶴經。硯北霏香調緑綺，窗南趁日倣黄庭。竹籬麂眼新編起，雜植藤花滿架馨。

## 贈嘉禾錢山人

三高祠畔幽人宅，丘壑天然位置宜。繞屋泉流如束帶，護籬桑樹總齊眉。婦能舂米堪偕隱，兒善吟〔一〕詩足解頤。意釣何曾在魴鯉，常閒百尺手中絲。

校記：〔一〕『吟』，詩集作『能』。

## 贈樵雲山人

偶爾相從水竹莊，松陰拂石具壺漿。膾來縮項虀鹽薄，飯熟長腰釜甑香。遯世何曾弛禮法，論人時復寓秋陽。問翁擊壤堯衢事，笑指中庭蓂葉長。

## 贈吳門李省庵

支硎石畔閒揮麈，光福山前每杖藜。瘦硬書如秋隼疾，峥嶸山寫夏雲奇。酒酣罵坐人能量，興到題詩語不卑。老去壯心銷歇盡，自題生壙傍要離。

## 空　齋

柳綿飄蕩惜春餘，誰叩空齋破瑟居。憶遠愧無王粲賦，解圍難致魯連書。境多是夢蕉蒙鹿，詩不依人獺祭魚。緑意絶憐窗外草，罷鋤一任滿階除。

# 姚孔鋠四首

**姚孔鋠**　字和九，號花坪，雍正監生，贈修職郎，有履謙堂詩集。

## 張墨莊偕三崧兄過訪

山静少人跡，逢君興倍寬。踐苔雲濕屐，攀竹露垂冠。屋小琴書滿，崖高瀑布寒。漫云花事盡，鶯語囀林端。

## 野　望

偶啓花關貪野望，支笻信步到晴川。鳥衝白馬鷺沙路，人曳黄牛下水田。吹浪魚兒沉復躍，銜泥燕子去猶旋。天青地緑春剛勝，目斷村南村北烟。

## 掩　關

槿籬竹徑掩荆關，細把平生磊塊删。天地有情餘歲月，古今耐好是溪山。飽收佳景歸詩笥，看遍名花醉客顔。多少憂勤鐘鼎貴，烟霞偏讓老夫閒。

氣格蒼健，似元遺山。

走馬嶺歸途　四首之一

峰高古刹與雲齊，日落烟昏萬樹低。滿路禽聲啼不住，數行飛過小橋西。

## 姚孔鎬五首

**姚孔鎬**　字穡夫，雍正間府增生，有初學集。

秋日田家即事　十六首之一

脉脉紅霞映遠山，横塘雨漲水縈環。全家力作三更後，两歲私逋一日還。雞唱殘燈催曉月，牛犁别浦過前灣。數間茅屋無門户，浪説豐年不用關。

## 贈參碧上人　二首之一

一片松陰護短籬，聽經好鳥據高枝。香幢久徹迷頭布，不借林公著意吹。

## 夏日苦雨

密布彤雲障不開，書窗黤黯自徘徊。紅光繞地雷聲起，又送傾盆急雨來。

## 夏日雜詠　十首之二

似雪鰣魚上市來，柳條連葉貫雙腮。憐他販子肩挑速，百里樅陽一夜回。

子茶初出焙茶忙，花乳輕圓味自長。親置塼爐烹活火，砂壺用熟鏡同光。

## 姚孔碩六首

**姚孔碩** 字遜膚，號蒙泉，乾隆庚辰舉人，蕪湖教諭，有黄鶴山樵集。

### 子野四時歌 十二首之二

簾外晚風吹，挑燈不語時。回紋機上織，字字是相思。
涼蟬咽高樹，海燕辭空梁。尚有天邊月，清輝到妾牀。

### 贈泰端崖

□寓秦公子，年來託契深。綵毫驚麗句，寶劍識雄心。夕漏風微度，春根雪暗侵。賢侯能款客，且莫動哀吟。

廣陵

花事東風細細猜，清明一度已成灰。愛他三五池頭路，日日平山鬭草來。
白馬湖心掉槳通，板橋一字跨當中。孤篷幾點魚燈火，照遍闌干九曲紅。

珍珠蘭

紗厨澹日影微黄，蜂背蘭膏細細香。記得蠻娘倭鬌髻，曉風吹顫滿釵梁。

## 姚範三十六首

**姚範** 字南青，號薑塢，乾隆壬戌進士，官編修，有援鶉堂詩集。曾孫瑩援鶉堂集後序：『先曾祖生而淵静，篤行誼，勤問學，蚤孤，發憤策勵，偕弟贈禮部公事母以孝聞，官編修，日充三禮館纂修。甲子分校順天鄉試。未幾歸里，往來天津、維揚之間，主講書院。所交友若齊息園、杭堇浦、胡稚威、邵叔宀、周白民，同里劉才甫、江若度、葉書山、方苧川，皆一時賢俊。公博聞強記，於書無所不窺，論學大旨以廣博爲門户，沉潛爲淵源，而卒歸於和平篤實，粹然一軌於儒先，不爲詭激之論，所爲詩、古文辭，皆力追古人，而得其閫奥。嘗約同人十年不下樓，成舉世不好之文。其談藝精深，多前人所未發，尤精選理。手所考訂補註者，凡五易本。十三經註疏、史、漢、三國志及各史、子、集，評校殆遍，殁後惜多散佚。今謹次第之爲援鶉堂筆記三十四卷、文集五卷、詩集七卷。』劉海峰集姚南青壽序：『石農弱無他好，獨刻苦讀書。寓目輒能記憶。於經、傳、子、史，探涉奥窔，淵渟貫串。其爲詩文窮幽陟險，動心駭聽，而義法不詭於前人。』

## 讀史

當塗竊國枋，八紘掩中州。隋珠既在握，荊璞亦冥搜。繇朗黜廟議，揚班争匹儔。漢典何郁郁，學詞良優優。南皮清宴接，西園秉燭遊。謂當致高蹈，何意摧華輈。體弱既足病，肥䫌亦爲羞。空文侔日月，理道〔一〕委山丘。遂使三公位，徒嗤孫仲謀。

原注：賈詡爲三公，孫權笑之。見賈詡傳註。『空文』聯括盡晉宋南朝之習，然實肇端於曹魏。

西園既諧價，左騶督禮錢。五百意未殊〔二〕，小靳可萬千。此例遂垂則，意氣匪魚鱻。

袁〔三〕閎拘被賧，士操危不全。日進尚未足，月進豈待宣？判官及刺史，繹繹連車船。我聞蓄淘河，終日循洲壖。魚蝦雖滿湖，吐去咽不填〔四〕。又聞鞲鷙鷹〔五〕，雉兔飽霜拳。食之僅一臠，縱掣由〔六〕絛鏇。嗟哉中林卉，侯栗傷屈卷。矯翼雲天際，冥冥戾鶡鳶。小雅今已廢，斯義其誰箋。空懷皇古世，德至珠藏淵。

西園既偕而黄巾蜂起，但有發墓金，豈復得藏淵珠耶！

**校記**：〔一〕『理道』，詩集作『楨幹』。〔二〕『殊』，詩集作『姝』。〔三〕『袁』，詩集作『垣』。〔四〕『咽不填』，詩集作『不填咽』。〔五〕『鷹』，詩集作『鳥』。〔六〕『由』，詩集作『肘』。

## 錦灰堆歌和方息翁

附原序：錦灰〔一〕堆者，圖灰之品目也。偶不得秋香作供，取籬落間物充之。草木吾臭味也，又粗有文采可觀，爰假錦灰堆名而寵以歌。

谿堂夢好春風來，夭桃穠李援條枚。封姨斂袵却不進，雲君月姊分徘徊。覺來一寤檐鈴〔二〕語，似訴秋氣侵高齋。先生醉卧在花國，生活冷淡詩情乖。若恨造物不解事，春蘭秋菊勞安排。西灝流精自沆瀣，秋光亦稱幽人懷。謝公夙抱宜丘壑，庾季胸中空棘柴。掀髯一笑出新意，點綴妍妙天機回。烏蓀〔三〕菟荄漫箋釋，犀瓣鹿藿煩穿裁。豆登盎缶亦格格，緅赬葱黝交洄洄。厥卜蕃薛匪上槁〔四〕，窅出窊入同俠佳。屏當酸餡騁豪快，驅使草木爲奇侅。平生夢寐古人意，偶爾亦復成部部。可憐好事須兒輩，却妨屏隙生疑咍。我謂先生此聊爾，狡獪不妨猶嫌猜。麃籬小醜用無用，雞窠老子材不材。有如高唱柏梁句，東方舍人撐牙欬。又云鎮西昔作達，元子老兵同追陪。韓非遂入老眲傳，紀真乞作士夫儕。邯鄲莫斥壽陵步，姆女何必殊娵嫋。憶我三年客京國，跳丸驚擲輪蹄摧。牛溲馬通涴衣袂，軟紅寸草無萌荄。園官近利市三倍，火攻炕匝催芭〔五〕胎。百錢一枝作瓶供，雖有好懷何由諧。豐臺芍藥爛如錦，两脚不到悲拘絯。活香露蕊目未擊，捆載一歎牛車推。秋來故人晨過我，方舍人觀承。齊化菊圃招銜杯。惜哉匆匆俶裝出，東籬豈禁歸思催。先生娛老乃好事，所恨不及過從皆。軒窗醉效鸜鵒舞，屏風影倒鸞鳳釵。竹林况有阿咸叔，叔于巢。百罰肯辭傾尊罍。十日歸遲乏雅集，過眼瞥如雲烟纔。一尺裁割無剩錦，三灰〔六〕湔濯思純灰。冬枯藩落瘠甚矣，賡詩詰曲幾窮哉。

用韻造語，奇古堅硬。半山學韓，有此境也。

**校記**：〔一〕『灰』，詩集作『繪』。〔二〕『鈴』，詩集作『鈐』。〔三〕『蓀』，詩集作『蒃』。〔四〕『槁』，詩集作『稿』。〔五〕『芭』，詩集作『苞』。〔六〕『灰』，詩集『斛』。

## 詠古

鈞天廣樂群靈趨，人間二嬴參賓娛。九歌九辯霓裳羿，南斗北斗吹笙竽。銀河耿耿環白榆，蒼龍白虎行躍躍。上林射獸先蹕驅，江都不識王孫車。何人跂屈荒流如，對盧古鄒修起居。君不見天門光光燭龍代，日入靈沮看晝晦。筮之豐蔀又豐沛，或云見斗或見昧。又不見端門之内屏四星，執法墮地光晶熒。尚書尻高萬歲稱，伯師欲齒龍淵腥。秕穅已奪萬目精，世間白黑無正形。喜甚博山迎聖卿，不知世有白馬生。

通首以星辰寓意天上，歷歷皆可指陳，此大東詩人之遺。

## 登投子山

投子一山當北郭，衆峰屏列〔一〕吾所家。廿年悔不一登眺，五岳之願寧非夸。今晨決計欲獨往，二三子約無參差。白頭不乏濟勝具，逸興快若逃韝⿱竹夋。初來逶迤但培塿，漸遠漸勝窺崟岈。是時初冬已摇落，兹山翠黛垂杈枒。岋岋巨石老羆卧，離離古樹蒼虬抓。懸崖一鏨轟九軌，穿林細竇鳴孤笳。略約舊名留老宿，吾曹猶問法來耶？此間欲舉西來意，恍然妙處留清窪。荒梗斷碣雜坐卧，細路幾曲升孤遐。舉頭長江懸日脚，渺茫一線蟠金蛇。顧視城郭黑子耳，但見翔轉千林鴉。往者此名寂住院，大同溯法傳丹霞。再來因果白〔二〕不昧，塔光瑪瑙人争譁。青原洞上本一氣，宗風未冥猶朝赮。香林寶刹何時滅，阿誰一問恒河沙。宰樹蕭條鵂鶹宿，罣如徒秘梅李瓜。吾聞佛相〔三〕本無住，刹那一現芬陀花。阿僧祇劫幾塵壞，區區十笏何咨嗟。况此馬鬣一抔土，幽靈靖昧棲塗車。楮笻捨去不足道，拾薪支鼎姑烹茶。蒼蒼落照已横徑，漸聽歸唱樵聲哇。斗折幽谷知何極，遺蹤峭邃輪麏麚。歸時把酒各自詫，作詩聊向山林〔四〕詩。

學坡、谷，並其神氣意致而肖之，不第格調也。此則根柢醖釀同古作者，非由貌襲。

**校記：**〔一〕『列』，詩集作『立』。〔二〕『白』，詩集作『自』。〔三〕『佛相』，詩集作『是法』。〔四〕『林』，詩集作『靈』。

## 宜田宫保以棉花詩見示成七言一章

我觀土會辨物生，皂覈叢筴俱籍登。星土上繫十二次，周别疆槩兼緹騂。仲父作霸表東海，五施七施何縱横。蒲葦藋蔞蕭薜并，如指諸掌如錯綒。乃知古人匡國術，細大不遺咸甄成。書生覼縷詫博物，試之檀榼猶疑瞠。菽麥昏昏可深恥，安事蟲鳥箋疏名。漁陽上谷古三輔，華實之毛奄〔一〕神京。聖朝端要保釐職，桂林夫子諧皋賡。曰寒曰饑我勤恤，曰暑曰雨余心怦。夷吾手實詔豐瘠，山農澤農勤所耕。化材不待新著令，五隱五沃咸治埩。謂此木棉古織貝，揚域久矣知環翢。儒生析義苦拘蹇，水族貝錦徒謏諄〔二〕。巴樊昔已賦賨幪〔三〕，甯此三古遺筐筬。擩染物妙窮物態，搜羅纖碎雕瑤璚。三核五核各有別，如葵如苧無纖蒙昧瞢。先生往時遊於越，蚒玩蚭蕼稽蠶經。考娘饍婦方誌異，上山下簇書丁甯。見本集看蠶詞。當時意作九州被，奚止摛藻誇筆精。況今岳伯長群牧，毗佐上理功〔四〕崇閎。當令馴風萬物遂，挾纊不復殉孤煢。彙材原非棄纖屑，瓜壺葵菽詩争榮。會當譜此入豳籥，四海蕩蕩歌夷〔六〕庚。

宫保有棉花圖進呈，御詠刊石，保定蓮池書院中石工搨本傳布，而直隸市集秋成之際，負販木綿者肩摩轂擊，亦公之遺利孔長也。

**校記**：〔一〕「奄」，詩集作「夸」。〔二〕「謏諄」，詩集作「諲諲」。〔三〕「幪」，詩集作「幏」。〔四〕「功」，詩集作「登」。〔五〕「令」，詩集作「今」。〔六〕「夷」，詩集作「由」。

## 寄方息翁

不見谿堂叟，春來健勝無。人争投四本，序已重三都。談笑熊羆却，清音雛鳳殊。蕭蕭霜鬢白，浩蕩寄江湖。

## 送周旭之還蘇州

江水碧無際，扁舟欸乃遲。花經寒食雨，人負艷陽期。落日要離墓，春風短簿祠。坐令芳草緑，愁思怨班騅。

## 和編修叔歲暮即事

舊雨連宵夢，新愁入故城。髪從心計短，書廢客裝輕。宿食初無定，親知别易成。三年一襆被，轣轆小車聲。

四句，非好學人不知語此。

## 爲三崧叔題照即送歸里

春水碧粼粼，春風捩舵人。峭帆津鼓動，祖騎棘匒陳。丘壑辭京夢，陔蘭易日新。翰芬留朵殿，萊綵照層闉。夜鶴行銷怨，熙陽愴悆神。桃花津漲闊，竹箭綄飈勻。芊蕛依涯灌，參差緆水藚。皋翔江鶾曉，岸舞海鷗春。絲柳晴朝颺，赬霞晚岫皴。茶香支折鼎，餐晏待垂綸。琴史銷豐暇，烟光絶埆塵。寺鐘殘夢冷，榜唱夕陽淪。涘獺情偏切，花甎影罷巡。有笙譜絳萼，無鱠抵湘蒓。遥念周園日，何如侍洛濱。近遊師束皙，爲政效潘仁。一幨西山緑，千花小圃畇。蝦鬚懸晝静，萱葉接輿嚬。池草吟聯碧，鑾箋句擘馴。芳時招阿末，下食坐諸荀。圜乞青綾解，經疑絳帳申。優曇參上乘，奈苑契初緡。曲奏懷園引，人争夾轂詢。匪通三昧義，應繪五山真。爰憶東西巷，嘗憐去住身。拈著曾悔旅，設象數疑屯。述作同蛛埊〔一〕，經綸嘆竈瀕。燕商無定璞，東郭信多鵵。交泠從車過，閶獰似鬼魌。昌圖驢蹇擘，杜老炙悲辛。懷往痟垂首，思家腹轉輪。定巢慚哺羽，伏鷇念棲鶠。少日烏衣譃，當年澤底倫。天涯連北舍，官閣聚南貧。峘岌聲名異，肥流出處因。客兒期剖瑾，君孝愧稱麟。花下匏樽覆，書抽錦縹頻。羈愁緇素重，旅話故情〔二〕珍。零雨徒飄恨，南波但寄顰。他年酬抱甕，遲我共驂鑣。

校記：〔一〕『耋』，詩集作『務』。〔二〕『情』，詩集作『山』。

過項王廟

中原逐鹿竟歸劉，霸業從教一戰休。龍虎早成天子氣，侯王尚待故人頭。河山有地封屠狗，子弟無鄉望沐猴。日暮江東何處是，滿天風雨不勝愁。

贈族姪某

平生當著幾兩屐，佳處都從句子搜。近愛阿戎詩興逸，因知谷口林泉幽。一重一掩吾肺腑，某水某丘君釣遊。聞道栽花迷洞外，他時愁誤武陵舟。

## 寄耕南揚州 時聞買妾未就。

桃花新泛柳條波，杜宇聲中喚奈何。不道仙家乖太歲，空令丹藥事消魔。鶯聲〔一〕無賴愁朝雨，燕子多情認舊窠。惱殺嬉春楊鐵史，教渠何處竹枝歌。

**校記**：〔一〕「鶯聲」，詩集作「春光」。

## 泊采石

金陵直溯横江館，半日郵籤計短長。十里蘆洲幾停棹，一帆蒲幅妒來商。更傳野堠淆三五，客慣人情夢角張。自笑愁心厭浦漵，聽風聽水奏伊涼。

## 飲及甫齋中念慈亦至因留宿和韻

空階屐齒辨聲嫌，接巷聯吟笑比鶼。有酒共邀師魯舍，賣文同費晉公縑。九關梐枑〔一〕

宵聲竦，小閣檠〔二〕燈鬢影纖。從事難酬今夜月，消寒還待撤晶〔三〕鹽。

校記：〔一〕『柾析』，詩集作『互榛』。〔二〕『檠』，詩集作『青』。〔三〕『撤晶』，詩集作『撤空』。

## 仲冬歸家王二員外過余〔一〕

檐牙晴溜日初晡，松竹蕭蕭鶴〔二〕影疏。天地爲爐誰躍冶？雨風無障託精廬。曾聞夷甫營三窟，不見秦醫獲〔三〕五車。何似黄金白雪調，晝賡樵唱暮賡漁。

三語用莊，四語用楊，俱有義藴。

校記：〔一〕『過余』後詩集有『有詩見贈依韻奉答』。〔二〕『鶴』，詩集作『雀』。〔三〕『獲』，詩集作『得』。

## 與客郊眺偶及近事酤飲不覺遂醉成詩

落日相逢倒接䍦〔一〕，信中聖處果非癡。朝三暮四人間世，孔百堯千物外期。青玉誰當平子贈，黄爐偏動濬沖思。數聲鄰笛蕭蕭晚，不盡行吟步屧遲。

校記：〔一〕『䍦』，詩集作『籬』。

## 與諸君飲花下醉作

花前集坐莎陂陀，酒色照眼如新鵝。問事七缺更八缺，得意長歌復短歌。我聞青天堪倚杵，人説魯陽能揮戈。老子醉著騎牛去，諸君安坐聊婆娑。

## 寄湖北巡撫張楞阿先生 四首之一

退食清香燕寢餘，依然詩筆恣畋漁。南樓攜友〔一〕當明月，西塞看山入綺疏。從事能傾習氏酒，何人不戀武昌〔三〕魚？獨思高踞胡牀日，一曲陽春和孰如。

南樓西塞，切定楚北。

校記：〔一〕『友』，詩集作『客』。〔二〕『藥』，詩集作『青』。〔三〕『撤晶』，詩集作『撤空』。

## 走馬燈

團團陳跡訝虛舟，光景鞭絲不可留。得意春花開畫障，借明粉壁走長楸。玉綃籠薄風齊躅〔一〕，珠燼宵深電隱溝。誰是不求聞達者，想同内熱羡西遊。

語語工切，結末用唐人『走馬應不聞達科』語，尤覺詼啁善謔。

**校記**：〔一〕『躅』，詩集作『亍』。

## 附家信後憶故山

角吹清秋閟穗燈，數番裁寄感何勝。二三與馬成田伴，八九逢人待杖輿。白首笙歌看異國，青蠅天地憶良朋。扁舟入手知何日，凋壑扶筇恐未能。

漢書石慶傳：『書馬者與尾而五二、三五也。』『八九』見南史，謂七十二也。

## 寄方寄巢四丈

鸕鷀舊憶城東宅，蘿薜嘗深薊北情。步屧春風隨鳥語，問花秋寺過牛鳴。詩家眷屬何人似？物外仙翁是地行。爲謝長宗矜理窟，碧山深處正聞鶯。

## 南園叔度嶺圖〔一〕

春雲尚接章江水，庾嶺籃輿取次登。幾樹疏梅遲北客，一林清梵叩南能。征人魚貫斜陽外，茅舍雞棲碧磵層。自有山靈供坐嘯，披圖嵐翠欲憑膺。

校記：〔一〕詩集詩題作家叔南園運副歸里二年追畫度嶺圖自書四詩於上屬題。

## 秋　懷

蓬梗飄摇坐永宵，征鴻行斷楚天遥。茫茫禹甸雄三輔，渾渾雲波接大遼。傍海鼉鼍秋氣肅〔一〕，憑城風雨角聲驕。孤生劇有懷人句，楓路魂歸不可招。

校記：〔一〕「肅」，詩集詩作「横」。

## 北墅觀棋戲成〔一〕

弓爲九石棋三品，責實推高未可期。一羽不飛羅目外，寸心都向劍頭炊。已輸半角争先地，尚看全枰劫盡時。殘局欲終柯爛未？烏呼落日水淪漪。

五、六即技見道。

校記：〔一〕詩集詩題作納涼北墅觀棋戲成二首。此爲其中一首。

## 贈定圃少宰開府粵東〔一〕

十枝上日近三臺，五管熊轓雪霽催。海外風傳朱鷺轉，天邊春應赤璋回。文驅蛟鼉波先静，光媚泉珠月擁來。此去梅花逢候吏，搴帷相憶幾徘徊。

語語切粵東，而氣象尤極宏偉。

校記：〔一〕詩集詩題作定圃少宰開府粵東道經龍舒枉顧荒齋贈别二首。此爲其中一首。

## 寄京口友人

三月桃花水〔一〕，門前幾尺潮。南園花似好，將放秣陵船。

校記：〔一〕『似』，詩集作『事』。

## 題蘭蓀圖〔一〕

靜轉光風細，輕滋曉露圓。南陔推嫿雅，知有譜笙篇。

校記：〔一〕詩集詩題作爲查儉堂太守題蘭蓀圖。

## 登樓懷劉三耕南

水烟寥廓數峰青，何處孤鴻入杳冥？一夜梅花江上落，天涯曾向笛中聽。

## 送人還桂林

過嶺風高海氣多，桄榔垂雨接秋蘿〔一〕。風流不見南園客，秋草臺荒吊尉佗。

南園十子皆粵人。

校記：〔一〕『接秋蘿』，詩集作『客初過』。

## 西湖竹枝詞　六首之一

日出湖東雞子黄，湖中照見兩鴛鴦。誰家擊鼓唱歌去，西舍女兒新嫁孃。

## 温太真墓

抉風歌罷朔雲愁，亂取〔一〕蒼鵝晉代秋。辛苦江東延譽日，不堪回首望幽州。

太真灑泣誓師，情詞慷慨，然絶裾而去，何竟不聞揮淚望雲耶！後人以之與趙苞同論，亦此詩之意也。

**校記：**〔一〕『取』，詩集作『起』。

## 偶書館中壁

蜂房各各抱空龕，囊粟分支只自慚。强奏將雛新授譜，何如歸唱望江南。

自顧霜毛歲月侵，空庭縞素〔一〕正秋吟。縱無逸興思鱸鱠，奈此區區誓墓心。

校記：〔一〕『素』，詩集作『夜』。

## 飲贛州家叔未遠軒〔一〕

蕭蕭隱几二千石，漠漠清陰一百弓。斗酒正期佳客至，流鶯剛到落花中。

校記：〔一〕詩集詩題作飲贛州家叔未遠軒兼訂北墅納涼之約。〔二〕『到落』，詩集作『落到』。

## 岷山將往中州屬題春水垂綸圖

縐縠新波碧玉柔，岸花如錦夾津樓。風光正是江南好〔一〕，三月騎驢下汴〔二〕州。

校記：〔一〕『好』，詩集作『候』。〔二〕『汴』，詩集作『汳』。

# 卷七

徐寅　方聞
蘇惇元　方傳理　同校

## 姚興㬇二十首

**姚興㬇**　字渭川，號花龕，乾隆甲午舉人，官平定州判，有香巖詩稿。惜抱軒文集詩稿序曰：『吾家渭川孝廉，爲贛州府君季子，族才傑出，詞氣秀發，又通敏人事。其爲詩多得古人清韻，不爲淺俗之言。其駢麗之文，亦皆有法度。然竟不得一第，年五十而鬱鬱以終。』子培筠識後曰：『乾隆乙酉試選拔，先君作擬王子安七夕賦，膾炙人口，名滿江南北，例選得平定州判，未赴任而卒於京邸，臨終前書一聯曰：「少有新篇動開府，壯無微禄博監州。」遺詩多散佚，僅輯所有者爲香巖詩稿。』

### 張辰庵向青山莊

結構傍山麓，軒窗豁平敞。覆屋落蒼翠，排闥馳蒼莽。村烟曖千家，畦雲平一掌。遠得營丘意，近結濠濮想。清溜激回潭，横塘注泱漭。沙禽啑荇没，素鮪出波仰。露香清暑酲，水氣助秋爽。脱累忘主賓，笑言雜少長。距不藉莞蒻，烹蔬薦陶瓬。是時飛雨過，草樹盡披攘。林濤聲怒發，荷蓋跳珠上。披襟快長風，清嘯答山響。勝遊良在兹，勉焉共欣賞。

## 北墅納涼大雨

纖雲淨捲羲車中，火維飛龍乘祝融。流金爍石三萬里，風漪竹簟全無功。紅塵滾滾苦闤闠，清涼何地尋壺蓬。朝來有約攜我友，相將北郭披青葱。溪回山轉露亭閣，叩扉試訪園中翁。入門蒼翠絢滿目，楓枏竹柏芭蕉椶。解衣臨池漫病渴，茶煎蟹眼呼奚童。科頭箕踞坐良久，火雲未散愁蒼穹。方知大暑如酷吏，異地一致將無同。回頭咫尺望投子，俄見一縷旋巃嵸。清籟微聞振修竹，涼颸漸覺翻疏桐。披襟居然傲宋玉，快哉大王之雄風。須臾澎湃復洶湧，天地晦冥何鴻濛。錢塘靈潮湧雪浪，昆陽戰馬鳴雕弓。眼前景象有如此，頓使虐暑消虚空。君不見李靖未遇虬髯公，策馬夜叩蛟龍宫。書生落魄有誰顧？代雨直跨黄頭驄。鞭雷鞭電走八極，瓶水點滴三花騣。人生際會要如此，混跡沙堁終何窮。會須將身得雷雨，足下咫尺風雲通。我狂作歌君莫笑，且浮大白傾郫筒。林端雨歇垂長虹，前山忽見春茸茸。

## 秋夜

纔送故人去，閉門秋夜清。竹深微見月，風定緩傳更。獨步空庭久，徐看銀漢傾。相思在何許，千里碧雲情。

## 南陵懷夢穀夫子

歲暮復行役，千山馬首分。天涯愁客子，高館遇夫君。雪色迷朝景，風聲破宿醺。關河皆凍合，底事滯寒雲。

## 送張未園表兄由職方郎出守楚雄

劇郡雄蛉塞，仙郎建隼旟。樓船尋漢蹟，毳罽識唐餘。才擅職方志，家傳循吏書。到時宣德意，應有鹿隨車。

偉麗似摩詰贈送之篇。

## 半山亭

鍾阜看山日跨驢，熙寧朝事局全虛。尋思往事原籌國，迷誤平生是讀書。攲徑小桃紅雨散，短垣荒蔓緑烟疏。亭西便接圍棋墅，可肯功名讓弗如。

蘇威半山正學皆以周官誤國並自誤，果書之咎耶？

## 范增祠

七十家居志未伸，一呼同報虎狼秦。起兵知奉懷王後，受爵翻爲項氏臣。卿子軍殘身應去，楚南公死説空陳。彭城遺恨悲何晚，徒使田横客笑人。

廟食猶存故里情，不平遺像氣如生。龍文已起真王氣，玉斗羞成豎子名。反間不須讐曲逆，醢葅猶自勝韓彭。祠前簫鼓神巫散，風捲靈旗夕照明。

## 答秋浯舟中至日用竹垞韻

布衾篷底回陽日，太史書雲正上臺。底事秦嘉思寄鏡，但交公瑾勝持杯。檣竿帶日烏隨陣，河水趨江雪捲堆。記得去年逢此節，自斟淺碧酹梅開。

## 送江鑑波尉黔中

霜拆銅街客夢驚，呼杯同對鐵燈檠。酒人燕市經年別，仙尉龍標五月行。紙尾名隨斯立署，馬頭刺識達夫迎。畫師莫漫圖南浦，觸起君家賦裏情。

## 安陽道中遇施筌漁同年

拂面塵紗障面行，故人相遇眼偏明。誰云道左斯須立，能慰天涯聚散情。疏柳斷笳催去馬，荒村殘月聽寒更。明朝人渡漳河水，憑語南鴻一寄聲。

## 太白樓觀蕭尺木畫壁 〈南州詩略選〉

萬古高樓在，圖來白也狂。筆驅山岳走，思接海天長。風雨何年暗，烟雲自日驤。丹崖横素壁，碧嶂拱雕梁。泰岱千尋矗，齊州九點蒼。日華金線暈，松影鐵虬僵。左顧連衡嶽，南馳走楚疆。祝融峰欲動，朱鳥翼將颺。誰見蛾眉秀，爲看月影黄。猿聲儺巴峽，江水入平羌。五老曾名寺，三君舊姓匡。湖光寫彭蠡，山勢踞南康。回憶開元日，遨遊雲水鄉。峰頭題旅雁，海畔望扶桑。瀑詠銀河落，天吟玉壘荒。錦袍時惹墨，烏帽飽經霜。寂寞過牛渚，凄涼返夜郎。一時工寫照，千古記行藏。瀟灑詩仙蹟，淋漓畫史場。江蘺申展謁，神采盡飛揚。

朱潤木評：『偉傑蒼茫，可匹沱水岷山之作。』

## 博山爐

寶鴨沉朝篆，金猊换夕曛。何如象瀛海，山頂日生雲。

## 舟行

網曬斜陽柳岸疏，柴門臨水釣人居。一川風定鸕鷀卧，小落蒲帆喚賣魚。

## 冶城雜詠

簟影簾紋映棗花，玉樓人去玉簫遐。至今長板橋邊路，姊妹人猶説寇家。

## 和朱晤琴秦淮偶題元韻

清曉明窗鏡粉殘，簪花媚格寫絲闌。那知早被蕭郎見，憐煞拈毫玉指寒。
多情我亦住紅橋，丁字簾前訪六朝。今日吟君腸斷句，預愁一夜帶圍銷。

## 皖江謡

百子山頭宿雨晴，迎江塔下暮潮生。君看楊葉洲邊浪，盡作蘆花秋雁聲。

望江碑古暮雲封，馬鬣桐鄉拱萬松。一代循良唐麴令，千年遺愛漢司農。

## 過劉公䣕先生故居

俠氣清才兩擅場，當年聲價並施王。風流轉眼成消歇，老木寒雲七頌堂。七頌堂在潁州劉宅也。今有七頌堂集。

# 姚興泉二十首

**姚興泉** 字虛堂，號問樵，乾隆初諸生，有一枕窩詩鈔。胡芑塘一枕窩詩鈔序曰：『姚子虛堂，慧預玄經，學傳紅雨。生而好古，廣搜鄴架之奇；壯且耽吟，滿載奚囊之錦。十年白下，欲占秋光；一襲青衫，半歸春夢。出皖口而尋彭澤，泛蠡水而問芝山。念舅氏一行作吏，浪跡遥天；憶嚴親萬里依人，問安絶塞。黄河漠漠，白雪霏霏；晉水依然，秦關如故。斗上白登臺畔，雁門直接龍門。重來紫閣峰頭，韋曲還連杜曲。五嶽爲人間奇特，由嵩岱而窮太華，已歷其三；九州極天下縱横，自雍冀以溯荆揚，今過其八。戒行李者二十餘年，載馳驅者百千萬里。山林城郭，補蟲魚草木之經；陵墓關津，合忠孝神仙之傳。以故單詞雙句俱是奇文，累幅連篇無非傑句。唐惟初、盛，非晚而並非中；義本興觀，可群而亦可怨。』姚氏先德傳：『先生幼能詩，以落花詩著名，人稱之爲「姚落花」，如崔鴛鴦、謝蝴蝶之比，丰幹修髯，儀容甚偉。其詩以杜陵爲宗，與同邑張曾敔、童珏最善，有虚堂集、一枕窩詩鈔、雨中消夏録。』

## 分雲亭納涼

雨歇山氣涼，出郭散幽步。瞻彼平泉莊，蒼蒼邈烟霧。主人招攜來，坐領林壑趣。天風生衣襟，溪光染巾屨。好鳥已倦還，聲聲噪庭樹。悵望雲外村，日入遠峰暮。

## 懷丹徒程衡帆

金焦勢屹立，秀氣超群倫。之子不羈士，爲余平生親。放眼薄儕輩，翹首追前民。兩度秣陵秋，秋風懷故人。

## 喜芑塘歸里

八月涼露晞，秋風動庭樹。閉門抱幽獨，談侶少知故。短章報君歸，欣然握手晤。莫驚憔悴容，傾吐感離愫。相對輒相憐，如我與我遇。天涯同此身，風塵卅載誤。坐久忘漏深，今宵得小住。

## 舟泊南康

昨夜孤舟泊湖口，滿湖明月掬在手。渡湖今夜泊南康，南康城外烟蒼蒼。烟蒼蒼兮雲渺渺，今夜何如昨夜好。爲乞山靈快撥雲，吾將躡屐尋匡君。匡君可望不可即，遥青一角横空立。蟬聯五老若牽裾，低頭欲向江干揖。山自招人客不眠，篷開露冷添新綿。何處空聲豁塵夢，千尋瀑布飛流泉。

## 抵家後寄方二介思楊三淳中

千重雲樹空蒼茫，遊子彈鋏懷故鄉。曰歸曰歸心彷徨，左支右絀羞空囊。章君雅誼恭維桑，籌及脂秣遥寄將。短章投我詞周詳，卜之云吉盍啟行？竹林契好推阿香，金城作宰眉初揚。分廉却贈資周章，寵以酒醴雜笙簧。依依執手情彌長，忼慷夙稱吾渭陽。千金揮擲如秕糠，平居好我越尋常。招隨萬里來遐荒，寧獨區區煩較量。桂林二難豪俠腸，傾橐贈我先賜薌。踵其美者爲源莊，臨岐一人肅冠裳。是爲司馬關東王，有客有客情激昂。曰惟我翁天將康，七十古稀宜稱觴。况復歸近槐花黄，秋高有待雲路翔。予曰唯唯言可坊，乃戒以僕裹以糧。衝炎不惜輪蹄忙，歸來一一語高堂。誓與妻孥毋相忘，知己之感中心藏，方二公子楊三郎。

## 秋夜

泠風吹枕畔，卧聽短長更。萬籟此時寂，一燈深夜明。打窗霜後葉，滴砌雨餘聲。輾轉不能寐，懷人無限情。

## 西夏呈吴耕心觀察

百二關河外，孤城控塞堙。山光晴入蜀，樹色迥浮秦。雁競中原渡，兵嚴午夜巡。軍興當孔道，羽檄動兼旬。

## 侍家君與葉花南張个亭孫雲樵兄南青郊外小集

歷亂野花發，春歸舊草堂。青山羅户牖，白首望柴桑。過鳥穿雲急，尋僧覓屐忙。追陪慚末座，也覺鬢毛蒼。

又新霽得月句：『雨中三伏盡，雲外一弓開。』康郎山忠臣廟句：『湖光吞落日，戰氣宿殘碑。』

## 同屺登堂朝天宫後山亭子晚眺

日暮亭荒許共登，紅牆剝落最高層。先朝殿閣閒園圃，勝地松楸舊寢陵。寺口病僧支古塔，山頭小市挂疏燈。倚天我欲揮長劍，寫入新詩氣倍增。

## 入山東境敬憶家君

挾劍何之愴客魂，馬陵遥峷隔重昏。白頭望眼過千里，紅樹停車又一村。平野破垣垂薜荔，遠山斜日下雞豚。行行竟與鄉音别，怕聽兒童笑語諠。

## 自秦中歸東左石峰

江南春入舊柴籬，萬里歸來正及期。收拾小窗消白晝，招呼老友聽黄鸝。過牆花影平分月，出户書聲各課兒。怪底歷年疏問訊，居鄰深巷却天涯。

## 落花次秋浯原韻

曉搴虛幌百花驚，拂檻離披著地輕。風壓畫檐香欲墜，雨回荒榻夢初成。空聞去雁庭前過，無復遊人陌上行。恨紫愁紅收拾盡，却看飄落石牀平。鄰院何人獨弄簫，飛花一曲度寒潮。敢云人世無青眼，亦欲陵風上雲霄。影共月沉孤館夜，香隨烟抱小溪橋。依依却笑多情柳，點綴春光織柳條。憐伊和我共飄蓬，往昔回思總是空。芳草渡頭波上下，夕陽馬首路西東。過來好事都如夢，賣盡韶光不算窮。轉眼隔年須記取，大家齊約醉春風。

先生以此題詩傳誦，遠近人士多稱之爲『姚落花』，如鄭鷓鴣、謝蝴蝶之比。此首三、四句，尤膾炙人口。

## 夜行密雲道中

孤月領行人，四望寒烟熄。驅車何遲遲，沙深輪蹄澀。

泊荻港

帆投近市薄寒天，晚竈家家洞口烟。十里蓼風吹細雨，滿江蓑笠打漁船。

送辜五瑞還建州

秋風忽送行人去，日薄征帆數葉開。何處江山縈我夢，因君一上釣龍臺。

懷芑塘客揚州　四首之一

簾前落葉蕭蕭下，天外征鴻款款飛。五夜夢回聽不得，與君情況略依稀。

### 題畫

豆棚瓜架影參差，雨後新涼月到遲。正好披襟凝野望，牽牛花放兩三枝。

### 寄曠闇齋

東皋新霽悵分攜，送我應憐去路迷。誰遣行人一回首？夕陽影裏雁聲低。

## 姚興麟十首

**姚興麟** 字素傳，號竺樓，乾隆中增生，有夢筆山房詩集。

### 舟行雜詠 四首之一

春山兩岸高，春水千頃碧。放舟值天晴，足以慰行客。密樹黄雀喧，成群幾千百。見人不驚飛，烟雲自朝夕。溪流澈底清，烏鯽大盈尺。不知江湖寬，依蒲成安宅。樂哉此禽魚，荒僻絶釣匕。雖乏稻粱肥，却喜免烹炙。嗟彼采薪女，辛苦雙足赤。繫腰無完裙，披衣露肘腋。荆棘多毒蟲，纖手屢刺螫。饑餓不顧身，亂髮森如戟。我本失意人，觸目愁轉劇。自歎遠飄零，復爲女惋惜。紅顔日憔悴，孤舟仍索寞。安得似禽魚，悠然各相適。

涉歷艱難，希情魚鳥，即康樂詩『薄霄愧雲浮，棲川怍淵沉』之意。

## 泊翠螺登太白樓

木落又驚秋，空江夕照收。遥看天寶月，同上謫仙樓。美酒猶堪放，新詩何處求？孤舟抱雲宿，心事與誰謀？

## 嘉魚道中

落日嘉魚道，愁從楚塞生。一天涼月皎，萬户擣衣聲。赤壁字猶古，風臺浪不平。朝宗江上水，嗚咽出□荆。

## 大洋歸舟

真自蓮洲返，天邊即水邊。四方迷子午，一氣闔坤乾。日落無山處，舟行未雨前。通宵鼇背月，照我玉虛眠。

## 同顧晴芬春園觀射

幕府旌旗肅，軍門將吏雄。争穿百步的，競挽六鈞弓。暗柳侵衣碧，飛花入酒紅。少年曾執弣，此日興無窮。

## 無　題　二首之一

一簾明月一簾霜，紈扇摧殘□□箱。漫道三年窺宋玉，那知十五嫁王昌。芳蘭不分山中茂，仙桂從來天外香。悵望瑶池降青鳥，不須紅豆打鴛鴦。

## 和邱惺齋歸雁原韻

誰召征禽別葦蒹，一聲聲喚碧霄中。纔飛秋水蘆花月，又趁春山柳葉風。潮海無波鄉路熟，菰田有夢楚江空。羈人那得如君樣，南北回旋歲歲同。

## 春日懷顧晴芬張耦漁

雲樹迷離客倦看，皖城頻憶舊盤桓。江湖白髮同貧病，風雨青燈共燠寒。南國春回虛雁影，西溪水漲待漁竿。懷君花下獨吟處，倚遍東風十二欄。

## 金陵雜詠　十首之一

烏衣門巷認依稀，古道斜陽芳草肥。烟雨杏花春色晚，惟留燕子背人飛。

抵肇慶

曉風澹宕送輕舟，峽鎖羚羊百尺遒。石翠嵐烟收不盡，木棉花裏似揚州。

## 姚興禮七首

**姚興禮** 字戴傳，號聽泉，乾隆歲貢生，官寧國訓導，有海藏詩集。姚氏家傳：『先生貧而好學，工詩賦，尤善行楷書。腕力遒勁，得歐、柳筆法。生平遊歷燕、趙、吴、越、秦、晉，悲歌慷慨一寓之於詩。性伉爽，人有急，輒傾囊槖，揮汗繭足，必盡心力以謀之。』

### 採桑吟和竹堂太守韻

不知養蠶事，那識養蠶苦？養蠶三月三，蠕蠕發揚詡。三五遍籧篨，微行柔桑取。屋角鳴鳲鳩，火箱勤育煦。三眠復四眠，料峭愁陰雨。昏夕伴蠶眠，黑夜驚老姥。爲祭馬頭娘，香烟焚無數。大婦執籧筐，小姑提竹筥。膏沐帶風梳，鬅鬙入林塢。黎明出門去，歸來日亭午。桑葉恐不足，兒饑那顧乳。蘊成蛾欲飛，絡轉□尺五。絡絲方未成，蠶租逼門户。持符里正來，吏卒猛如虎。抗言貢元纁，敦促充天府。大府將上壽，鞠䐠須纂組。一一老窮妻，杜句。典衣供酒脯。呼兒抱新絲，賤值售貪賈。官租始得輸，蕭然坐環堵。號泣向穹蒼，勞瘁曾何補。哀哉此勞人，卒歲猶藍縷。

詠歌勤苦，民隱畢陳，亦杜少陵石壕吏、聶貫之田家行之亞次。

## 宿石佛寺

半日不見寺，柴門竹裏支。上方皆福地，覺路悟清池。谷邃寒偏早，山深月上遲。六根敲欲淨，鐘到五更時。

## 秣陵懷古

江左名家詩選

牛首開天闕，龍岡抱帝宫。六朝春草裏，萬井落花中。訪舊烏衣晚，聽歌玉樹空。如何亡國恨，盡在大江東。

## 秋夜坐雨

秋風不耐月飄蕭，疏雨聲聲聽此宵。無限客愁驚蟋蟀，二分詩思上芭蕉。小窗淅瀝燈初暗，隔幙廉纖篆易消。檢點明朝向籬落，菊花幾處帶霜饒。

## 桃花嶺早發

景物無端觸處收，籃輿曉起趁東甌。山頭小市燈如豆，古刹疏林月似鉤。應有高人眠白屋，還教旅客夢朱樓。輕霜薄霧千重嶺，曉霽晴光豁遠眸。

## 龍　潭

空潭不見人，潭水發幽響。長此隱深潭，霖雨將安仰。

西湖雨中　四首之一

半湖秋水半湖烟，水氣空濛遠接天。一角孤山青未了，好風吹上小紅船。

## 姚興書一首

**姚興書**　字壁傳，號琴川，乾隆間監生，有琴川詩集。

德清午日　六首之一

梅雨瀟瀟五月寒，寂寥佳節滯江干。齊眉菖葉緑空結，照眼榴花紅欲殘。楚俗紛拏傳解粽，詞人哀怨想紉蘭。可堪此際成漂泊，酒入愁心亦醉鄉。

## 姚興袒六首

**姚興袒**　字鶴洲，號澹人，乾隆間諸生，有澹人詩集。

## 遊虎丘

千古雄圖地，江山此日遊。霜鐘空外響，烟樹望中浮。遊騎歸將夕，行歌曲未收。劍池星月滿，流水自悠悠。

## 贈别陳仰山表兄

驪歌一曲賦驅馳，把酒難爲話别離。塞北人歸花寂寞，江南春盡水漣漪。曉風明月思鄉夜，楊柳孤舟送客時。黄菊滿籬期共飲，洛陽天際漫稽遲。

## 代答孫哿庵

吴陵河上别君橈，奉檄重經廿四橋。三載馳驅初喘定，九旬談笑尚魂銷。門臨平野庭多月，窗近長堤枕到潮。慚愧榻懸塵未掃，小椷何日倩鴻招。

## 浮山金雞洞

一山浮翠大江邊，愛看金雞漫著鞭。我未敲門驚犬吠，僧先煮茗看牛眠。花迷洞口雲鋪路，水浸禪關月印川。多少往來留贈客，幾回摩拭半殘篇。

## 平舒郊遊

子□村静晚風涼，何處鐘聲送夕陽。滿地秋光尋不盡，稻花歸去馬蹄香。

## 寄汪淇園表叔 四首之一

十畝閒閒月一灣，遠攜琴劍出柴關。還家有夢無人見，吟遍龍眠雨後山。

# 姚興樂一首

**姚興樂** 字心傳，號竹坡，乾隆間人，有燕遊草。

## 古 意

橄欖有回味，蔗漿到頭好。何如棗與梨，入口得甜早。

# 姚興潔三首

**姚興潔** 字香南，文燮曾孫，官辰沅永靖兵备道。通志：『乾隆乙卯，湖南苗匪滋事，興潔投筆從軍，經略福公奇之，以理問銜，檄往鳳凰廳協贊同知傅鼐軍務，廳駐鎮筸，爲辰沅要地。苗兵突至。佐鼐謀畫捍禦，圍解調隨大營。大功告成，累擢茶陵知州。興潔以兩洋頭諸寨猶未下，自請隨營，升鳳凰廳同知，鋭意擊賊，遂破大寨上峒寨，苗僞請降，乘天雨直入，擒其酋而歸。嘉慶甲子事平，擢辰沅道，奉旨褒嘉，謂與傅鼐後先繼美。卒於官，苗民哀動山谷，求建祠祀，撫軍以聞，上許之。時鼐先没，乃爲祠並祀之，曰「二公祠」。』

五谿感興呈傅重庵觀察兼寄謝青庵明府

湧地群峰撲面來，萬重烟樹曉嵐開。是誰馬槊推飛將，如此山川見霸才。危堞遠排雲外戍，荒原猶剩劫前灰。武鄉祠畔斜陽冷，濁酒臨風酹一杯。

從容裘帶領中權，小隊銀刀列帳前。講易理探爻象外，占星妙識氣機先。一時身爲登壇重，十載心因破賊堅。憑仗屯田成遠略，還教介子獨籌邊。

送英吉利貢使歸國和裘守齋韻

瀛海炎荒道路賒，大琛同獻向京華。錦衣仗列天魔隊，繡幰人來帝子家。颺拜東都瞻禮樂，經行南國繪桑麻。貢使舟所過處，凡山水、城郭、人物、花木、鳥獸，悉繪圖攜去。西風疊鼓揚旗處，相送歸帆逐暮霞。

## 姚支莘十六首

**姚支莘** 字諟伊，號堯民，乾隆初廩生，有堯民詩鈔。方東樹曰：『樹爲童子時，先生垂慈親愛，以爲有造而嘉與之。其後先生次子通意從先君遊，遂聯姻予家，是爲樹之姑夫，自是往來益習。先生濃眉淵額，生有異稟，讀書目十行下，一覽輒不忘。少與人讀漢書，戲穴窗紙爲孔，寓一目，人自外持卷上下之，即終卷成誦，不落一字。其爲詩文率意立就，語句敏妙，實具仙才。乾隆庚午鄉試已中式，以策誤被抑，遂終身不第。夫人馬氏，通學知文，戚族聞其言論，莫不欽服。以先生詩語雜詼嘲，爲焚其駁雜者數百十篇。樹少時嘗手鈔其詩詞各一卷，今皆不存。子二：通昀、通意，皆無子。通意亦能詩，性温謹，循循君子，客徐州没，詩文集並失。』

### 韓侯墓

陳豨未敗淮陰死，此地何緣見遺壘？生平智蔑五諸侯，死後頭行一千里。藐姑奕奕水湯湯，馬鬣千秋薦酒漿。功人功狗陪園寢，二十四陵空夕陽。

送別半蕉

幾日泊歸舟，輕裝又遠遊。別懷難勝酒，客路正逢秋。野水明江渚，青山入潤州。遥知姑射宰，一榻爲君留。

春晴郊外 二首之一

霽色明林表，閒庭旭氣和。栽花翻燕剪，織柳逗鶯梭。公子紅牙板，佳人白紵歌。芳時休浪擲，酩酊醉山阿。

次韻九日集飲北墅翠微樓

鯉魚風急雁南飛，勝侶招邀上翠微。紅樹晚烟千市合，亂山黄葉一僧歸。興來詩思耽秋水，老去人情戀夕暉。爛醉已拚酬令節，不須惆悵五陵衣。

## 試新茶和韻

雷鼓才停粥鼓撾，多君飲我雨前茶。泉烹上峽兼中峽，香譜盧家與陸家。脾沁睡緣都解却，心清詩思恰增嘉。遥知此日龍山頂，隊隊旗槍戰正賒。

## 雨後得盧小集分韻

開到黄花秋已闌，頻年別調夜深彈。青樽酒聚人千里，險韻詩如路七盤。盆菊尚含前日雨，葛衣乍怯晚風寒。故園觴詠知非易，歸徑休嗟入夜難。

## 題苣塘乘風破浪圖

不問江濤與海濤，晨騎潮去暮還潮。眼前出没幾千種，世外浮沉三萬朝。雨黑天昊争浴鬼，月明龍女競吹簫。孤篷攲枕聽不得，渴引金罍翻酒瓢。

方東樹按：『此題先爲沁園春三首，興猶未盡，再綴此詩。其詞三闋，樹少時喜誦之。今僅憶其二闋以附於此，亦可見先生倚聲才氣奮發之大概也。其一曰：「江邪海邪，立而望之，鬱乎莽蒼。有銀濤環薄，噴來千縷，奔湍激射，直下重洋。百尺檣危，一樓舵穩，打鼓中流自激昂。篷開處，但烟雲滉漾，天水微茫，半空樓閣高翔，是蜃蛤魚龍氣噏張。看江妃臨鏡，明妝娟好。天吴行部，幢幟飛揚。但對册呼仙，披圖徵鬼，要是男兒得意場，休悲咤，便塵氛海市，一樣荒唐。」其二曰：「湫乎湇乎，嗚是何方，君兮噤聲。見風吹浪打，卿真念我，井觀穴處，我更嗤卿。狂則呼天，飛而食肉，我輩升沉詎等倫。推篷望，早濤飛浪轉，海闊天横，人間總是通津，待鞭石驅鼉上玉京。道西王母處，桃經千歲，東王公會，果熟長生。有閬苑新聞，瀛壺佳話，他日歸來説與君，問何事，只蒙頭僵卧，曳尾泥行。」』

## 有感

春江渺渺暮雲低，滿眼風帆望欲迷。月落河橋分手處，連天芳草鷓鴣啼。

## 春日郊遊 四首之一

紅霞歷亂紫雲低，水復山回路轉迷。樹裏依微見烟火，數間茅屋一聲雞。

## 秋日登大觀亭

獨上江樓意渺茫，廬山雲影楚天長。群帆挂日江流遠，半入鄱陽半漢陽。

## 送潘秀才歸建德用方二眉山韻

秋江月滿海潮生，慷慨登舟意氣横。同是客中無劍贈，留君惟有踏歌聲。

## 月夜聞笛

夕陽西下客初來，雪色烟光望不開。誰倚新聲吹玉笛，落花無數點蒼苔。

## 蓼城秋日寄内

秋雨秋風黄葉村，寒衾無夢一燈昏。淮西夜半潮聲急，直送鄉心到海門。

## 讀阮亭題張魏公墨蹟

一戰苻離萬馬空，官家從此老江東。淳熙幾點殘山水，尚有文章壯魏公。

## 雜　詩

故鄉二月雪粘天，開遍空山白杜鵑。塞北風高希謝豹，桑干河住又經年。

石梁城外望方氏園林

竹籬缭曲傍山城，望裏紅牆路不明。白晝無人門自掩，萬松林内落棋聲。

## 姚　棻四首

**姚　棻**　字香莛，號鐵松，乾隆辛巳進士，官福建巡撫，有恭壽堂集。通志：『知皋蘭，釋冤民，獲巨窩。守安陸，調武昌，輯盜安民，平反冤獄。觀察汀漳，嚴輯龍溪、長泰劫案，盜始斂跡。攝藩粤東，開墾濱海沙坦千餘頃。撫江西，疏建豐城石堤以備旱潦。福建沿海，姦民濟糧通盜，嚴飭澳甲。坐容隱者罪，俗乃漸除。』惜抱軒文集家鐵松中丞七十壽序：『吾兄少居貧，以孝名天下。備經勤苦矣，乃老而康艾登焉。且其始仕河隴之間，分符江漢之域，觀察閩海，提刑南越，所處每在邊徼，遭值時勢盤錯，而肩任不疑，屢禽大憝，惠布遠黎。今又居昆明西南數千里，爲國家安奠中外，愈任其勞，福禄愈遠。』

## 喜雨

黄塵滾滾驅冰車，童牛奮曳朱門家。滿堂羅袂寒欲徹，道旁汗顙如奔霞。桑林夜禱湯網闢，久旱，上廑聖慮，命司寇大赦刑獄。一時芝菌生西衙。貫城鬣室恩浩蕩，風箕雨畢光明斜。况復都官佐邦憲，流祥丹筆飛天花。玉皇昨日朝正闕，咨汝下民如飢鴉。火龍肆虐誰與謳，殷雷列缺施鞭撾。浤浤汨汨膏無涯，馮夷擊鼓歌靈媧。

## 北河道中

未識投何處，少陵句。勞勞橐筆遊。漫沙荒店酒，古渡夕陽舟。帶水縈歸思，春星耿客愁。應憐來往數，幾敝鷫鸘裘。

丹海弟與予同寓王氏書塾已逾半載今移館於街東獨處無聊詩以招之

徙倚空廊日易曛，短檠孤影嘆離群。謝囊欲佩香先散，虚堂叔方往甘肅。姜被纔温夢又分。夏屋都教閒處著，豆山、姬傳兩弟俱館於京師。秋聲偏向客中聞。機雲只隔東西住，來往相攜莫厭勤。

題上官文佐翠竹江村畫冊

門外萬竿翠竹，江頭數點青螺。風動疑聞社鼓，月明好聽漁歌。

## 姚鼐七十九首

**姚鼐** 字姬傳，號夢穀，乾隆癸未進士，官刑部郎中，有惜抱軒集。省志：『鼐沉敏博達，於學無所不窺，爲古文高簡淵穆，由曾、王而上溯韓愈，工爲詩詞，皆淹雅，有唐宋人法度。乾、嘉中學者多尊漢人而卑視宋儒，鼐折中論斷，歸於和平，粹然儒者之言，所著有九經說、古文、近禮詩鈔、筆記等書。』貢舉考略：『乾隆戊子科山東典試、禮部主事姚鼐。』趙翼檐曝雜記：『嘉慶庚午鄉試，原任貴西道臣趙翼年八十四歲，原任刑部郎中臣姚鼐年八十歲，懇請重赴鹿鳴宴，奉旨：翼賞給三品銜，鼐賞給四品銜外，各省又有姜繻山、施奕學、周春林、田培共六人，歷科之重赴鹿鳴者，惟庚午爲多。』淵雅堂集：『姚姬傳之文簡淡清深，翛然有得性情之際。』陸繼輅蘩百藥堂集：『文之爲道非一端，然自盧陵、眉山、南豐之新安而後，歷元明之久，僅得震川、荆川、遵巖三家。我朝自望溪方氏别裁僞體，一傳爲劉海峰，再傳爲姚惜抱。桐城一大縣耳，而有三君子接踵輝映其間，可謂盛矣。』袁枚隨園詩話姚姬傳云：『詩文之道，凡志奇行者易爲工，傳庸德者難爲巧。姚嘗作詩云：「交遊聚處思移宅，衰病行時愛棹舟。」此姚掌教鍾山時作，有移居金陵之意。蓋金陵民氣安靖，街衢宏闊，士大夫外來者喜居焉。』王昶蒲褐山房詩話：『姬傳愷悌慈祥而襟期蕭曠，有山澤間儀、松石間意，簿書刀筆雅非所好也。詩詞自清雋，晚學玉局翁，尤多見道之語，望其眉宇翛然，已知在風塵之表矣。既告歸，屢主安慶敬敷、江寧鍾山、揚州安定三書院。以讀書學道教多士，地方大吏愛而敬之。古文紆徐往復，淳古簡淨，亦多不盡之致。』姚氏先德傳：『公由庶常改兵部主事，旋補禮部，典試山東、湖南，擢刑部郎中，乞養歸，相國梁階平公屢招之不出。公自少及耄，未嘗廢學，喜導人善，汲引如恐不及，謝蘊山嘗曰：「先生如醴泉芝草，使人見之塵念都盡。」禮親恭王嘗求先生爲家傳。陳東浦卒前曰：「某死必得先生文以誌其墓。」新城魯絜非每心折先生之文，使諸甥受業，其爲世推重如此。年八十五卒於鍾山書院。所著有惜抱軒詩文集、筆記、九經説、三傳補注、古文辭類纂、五七言今體詩鈔。』

## 山寺 湖海詩傳選

四山動秋響，高林黯將夕。披雲度寒榛，暮陰下前壁。寺門風蕭蕭，飛葉滿巖積。箐影暗深溪，淙鳴出穹石。想見谷口外，落日遠峰碧。一磐流烟中，萬壑抱檐隙。豈無湛冥人，於茲衣蘿薜。初月暉易盡，悵望遂停策。

## 詠古 四首之一

鼓枻出大江，回首樅陽渡。中有漢帝臺，言是射蛟處。日夕天風吹，青條變枯樹。上有黄鳥鳴，下有寒兔顧。憶昔翠華遊，帆檣隔雲霧。中流浩新歌，清音發衆嫭。巡遊既已疲，神仙不可遇。爲念祈招詩，廣心焉所務。

## 感春雜詠

橘樹多好陰，乃在湘江涯。光風蕩朝日，朱實榮緑枝。馨香既遠達，乃託白玉墀。被遇主人盼，賓客皆嗟咨。植根諒非舊，爲枳復何悲。

此昔人所云：『士修之於家而敗之於朝也。可爲三歎，有志者安能久逐塵堁中也？』

## 漫詠 三首之一

子長千古士，被難身何窮。悲哉百年後，毁譽猶不公。孔子録小雅，怨誹君子風。美善而刺惡，史筆非不忠。文園爲令客，竊貲自臨邛。將死勸封禪，佞諛以爲工。文章兩司馬，擅爲西漢雄。人君取士節，優劣安得同。如何永平詔，抑揚恣其胸。宜乎朝廷士，進者多容容。所以歌五噫，邈然逝梁鴻。

士不容，容則不容於人矣。先生之早年高退，其意已見。

# 出獨山湖至江口作 湖海詩傳選

初日澄前陂，餘陰澹巖曲。清流杳終古，宛此媚幽獨。烟消淨衰草，風來振疏木。移舟度雲影，停橈玩空渌。理昧後人蹤，興與前遊屬。託世楚雲裏，孤懷亮自足。

『託世』即莊子人間世意。

# 邳州黄山

下邳有老父，來登下邳橋。遺身濁世外，六合皆蕭條。偶傳太公書，聊以定紛淆。卷舒出形迹，可遇不可招。寄語張孺子，起佐興王朝。一身尚爲石，功名何足驕。我來芳草歇，南渡黄河潮。大風起泗上，白雲莽蕭蕭。英雄盡泯滅，仙蹟空岧嶢。

以化石爲辟穀諷喻，此意未經人道。

## 與侍潞川鄭楓人集不其山房分韻得希字

江郭朝雨晴，烟草滋掩扉。紅藥坐成晚，青山仍未歸。高齋方置酒，良會遽披衣。垂簾石蘚長，拂硯風花飛。已承愛微劣，敢言知貴希。所慚乏文藻，况念歇芳菲。終反群舒路，相望林岫微。

沈隱侯、任彦升有此清致。

## 花朝雪集覃溪學士宅歸作

京師信人海，時時遇賢哲。事會一聚之，倏復岐車轍。出動千百里，入乃限禁闥。遠近雖則殊，容儀皆邈絶。獨兹五六人，有職幸非熱。從遊頗最久，杯斝遂屢設。亦知天運旋，終當有離别。在目且欣然，流連詎能歇。正如春未深，坐賞花朝雪。平生覬聞道，隨處知可悦。清宵接嘉論，有蒙固當發。歸來吟塵窗，寒燈耿未滅。

## 述懷 二首之一

門有吳越士，撟首自言賢。束帶迎入座，抗論崇古先。標舉文句問，所守何戔戔。誹鄙程與朱，制行或異旃。漢唐勤箋疏，用志誠精專。星月豈不輝，差異白日懸。世有宋大儒，江海容百川。道學一旦廢，乾坤其毁焉。寄語幼誦子，僞論烏足傳。

先生之不抑宋尊漢，本末具見於此。

## 雜詩 四首之一

挾瑟昔侍君，中宵錯明燭。芳樽前既陳，衆女皆列幄。不謂微且鄙，過蒙君顧辱。爲君發新聲，竭情自結束。盼睞人心移，曾何待終曲。堂上有萬里，薄帷能蔽目。親者巧有餘，疏者拙不足。欲逝不敢遠，沉吟就别屋。秋風拂階墀，皎月如寒玉。恐欲傳清光，爲人照幽獨。

巧親拙疏，曲盡世態，不敢遽遠者，詩人忠厚之言。

儀舊縣

清江静無風，曉岸初上日。高低雲影合，遠近山容出。連舫纜盡解，孤舟飯未畢。惝涉齊物旨，曠慕養生術。逐事偶在途，憺懷猶一室。復此對清遠，未應嫌遲疾。願與漁父言，仰送飛鳥逸。又汎滄波東，聊作前遊述。

## 乙卯二月望與胡豫生同住憨幢和尚慈濟寺觀月有詠

夕陰連遠麓，嵐翠斂高岑。新月吐巖缺，先照寺西林。籃輿轉重嶂，杳渡碧溪深。春樹葉未多，疏影落衣襟。佛宫坐遥夜，好義託幽尋。上眺層閣暉，下步重階琳。素魄行無極，光霽曠來臨。道本非有擇，安知古異今。文學俊才筆，禪悦亦所歆。余衰邈違世，慕道恐弗任。非徒遺煩慮，更當遺賞心。闍黎淨業就，結習猶謳吟。共念忘言契，何嫌金玉音。

## 喜陳碩士至舍有詩見貽答之四十韻

初冬言趨家，霜風隕門柳。仲冬摧槁柯，倚門時出首。望子逾彭蠡，計日當至否。遠惟古聖籍，義富若淵藪。鯫生非宏知，鑽研百代後。譬如物有十，或取一遺九。雖然竊自欣，千金享家帚。執裾時語人，充耳莫爲取。獨子甚見阿，戒車屢載糗。就我金陵館，居我西序牖。往復意屬厭，忘餐嘗及酉。懷此三改歲，述別自癸丑。今夏寄書説，定當訪衰叟。起帆盱江曲，款户龍眠口。季冬霜雪霽，薄暮客造霤。蠟梅紅燭下，膽瓶燦金釦。竟得展一笑，共此篘新酒。人生樂莫樂，久別還執手。况日迫桑榆，小聚那易有？呼我稚孫前，俾子問名某。俯仰人間士，感歎及賢舅。我出銘墓文，爾讀目泫瀏。新詩情邃切，見貽媿瓊玖。硼中子多文，昃離吾鼓缶。敢謂横海鱗，制以寡婦笱。頻年洪州試，似不辨稂莠。升牒名九十，子璞乃未剖。所貴士豪傑，千禩期尚友。威鳳登絳霄，莫較猣企醜。本心如日輪，遭蝕情欲誘。始謂微掩缺，繼昏晝見斗。願子念没世，崇樹三不朽。遷義如轉圜，而内堅所守。文章非小技，古哲逮今壽。超越彼粗糲，固在頻投臼。海内諒多賢，苟於老夫厚。區區相望心，豈在金懸肘。北瞻宛邱道，嚴君今衆母。樂哉子行逮，升堂奉萱滫。別離未須恤，雅志幸毋負。

碩士侍郎未第時，即從先生遊，甚眷之。及後，侍郎奉教惟謹；逮先生没，侍郎以千金爲先生置墓田，亦足見師弟間相敦以古誼也。

## 瀟湘圖

雲霽出楓林，烟深停水驛。來往石崖間，迷離竟朝夕。欲畫猿啼聲，寒峰數重碧。

## 題外甥馬器之校經圖

聖人不可作，遺經啟蒙愚。大義乖復明，實賴宋諸儒。其言若澹泊，其旨乃膏腴。我朝百年來，教學秉程朱。博聞强識士，論經良補苴。大小則有辨，豈謂尋異途。奈何習轉勝，義縱而詞誣。競言能漢學，瑣碎搜殘餘。至寧取讖緯，而肆詆河圖。從風導後學，才傑實倡于。以異尚爲名，聖學毋乃蕪。言多及大人，周亂兆有初。彼以不學蔽，今學亦可虞。嗟吾本孤立，識謬才復拘。抱志不得朋，慨歎終田廬。甥有吾家性，禮部方升書。才當爲世用，勉自正所趨。矻矻校遺經，用意寧投虛。盛夏示我卷，秋葉今零株。至道無變更，景物乃須臾。僞學縱有禁，道德終昌舒。試觀宋元間，士盛東南隅。以視後世賢，人物誠何如。願甥取吾説，守拙終不渝。

先生所學終始不渝，讀此，如欲覺之鐘，足以提醒夢夢。

## 元人散牧晚歸圖

日落未落東皋黄，揺風欲静千絲揚。榆莢雨後村塢涼，澤中草長人微茫。牛從雜遝老牸將，剌促或走或羊望。或掉尾立銜藏莨，牛背短箠二尺强。握坐者牧舟樹檣，或來以笛吹其旁。據牛横坐如胡床，後有蓬髮趨踉蹌。前有招之右袂張，首伏牛後尻前昂。二人蓑薛行驅羊，掀笠偃背丫髻長。其一糾笠風中颺，林木度盡横陂塘。前村暝色寒蒼蒼，一人先俟牛宫傍。繞宅榆柳青蒼筤，老翁飽腹飯黄粱。出攜幼稚嬉徜徉，少婦機杼鳴東廂。人生正可知農桑，春夏耕牧秋築場。不見臧穀羊皆亡，嗟哉此畫真吾鄉。

畫不可見，即詩見畫。聲韻之學固較繪事爲廣大境界。『雞口牛後』呂覽作『雞屍牛從』。

## 題王琴德昶泖湖漁舍圖即送旋里

王郎昔居泖湖裏，出户觀漁並湖水。王郎今作漁舍圖，紙上蘆菰北風起。蘆花菰葉風蕭蕭，烟深不見垂虹橋。水澤朝飛洞庭雨，亭皋暮落吴江潮。江上漁村帶寒巘，緩刺輕舟向平遠。波静鳴榔月上遲，日斜挂席風吹晚。曉來網得松江鱸，尊有清酒飯炊菰。蘆簾紙閣夜颯颯，風雨坐伴青燈孤。就中隱約畫師意，蒼茫一葉湖山次。頗似蒲帆別岸來，回頭恰見湖中寺。只此丹青貌故山，拂衣歸思向雲間。秋風夜火松陵驛，唯有漁人認客還。

## 王禹卿病起有詩因次韻贈之

我如惰農春未種，已失農祥土膏動。室如懸磬待遺秉，大腹便便乃空洞。由來人苦不自知，未免心侈口還縱。君方鋭敏有奇懷，遠駕千古誰能共？渥洼天馬或跅弛，那遽柔心受持鞚。高掌劈分二華岳，開胸吞納九雲夢。何由昌歜獨嗜余，不惜揄揚雜諫諷。心親料應塵埃稀，迹奇反致猜嫌衆。子輿一病至跰蹮，惟有擁衾看屋棟。時余獨處復誰憐？喬木虚庭響寒呀。蟋蟀俄驚旅舍秋，蛜蝛頗惻幽房空。昨君新愈幸來過，依舊雄談閒歌誦。短袖百尺光熊熊，未出霜縑目先送。千帆寒水下金陵，一雁秋聲横鐵甕。遠思暝浦落帆還，苦怨騷人薄寒中。舊遊曾對孫登嘯，新詩欲作唐衢慟。磊落君才只自知，支離余德彌無用。慚非大厦任棈欂，恥作小璣號游貢。神全聊當比木雞，德衰豈敢歌苞鳳。方今聖德足兼包，坐御共球湊居重。南塞宣房萬福來，北治匈奴一方痛。有道未穀奚爲恥，薄植乘時反足恐。雲霄未上且沉冥，幅巾步屧鴟夷從。明朝牆角見黄花，泥酒相將一喧閧。

堅拗勁削，一韻到底，最似昌黎酬崔立之篇。

## 秦帝卷衣曲

池水生青蒲，枝葉自相扶。水緑平如故，池上蒲成樹。秦關百二氏王才，麾劍風雲萬里來。圖籍河西收四郡，旌旗鄴下宴三臺。燕姬趙女顔如玉，輦入崤函貯金屋。閣道春遊度渭南，珠簾暮捲臨澧曲。貴主還留鉅鹿名，小腰絶愛鮮卑東。去國嬋娟意可憐，新恩慰藉情難足。别有春風飄綺羅，華燈斗帳夜烟和。君王欲卷衣裳贈，一片流雲奈曉何。雄略英姿冠當代，指麾旦夕收江外。戎國分居大荔城，降夷盡保長榆塞。大度何嘗愧帝王，驕心豈免成傷敗。卷衣空憶可憐宵，月底花枝烟柳條。婕妤從招秦苑雁，侍中曾插漢宮貂。錦袍再賜無顔色，笑殺河東金步摇。當年力戰壺關闢，雀來燕室誠何益。女戎亡國志先荒，那係南朝謝安石。千秋編簡載功名，一朝富貴埋荆棘。青蒲零落水東流，不見霓旌下枋頭。碧雲散盡梧桐影，太息阿房幾度秋。

題本昌谷詠苻秦事，苻堅本姓蒲，後改苻姓，故起結就蒲作興喻。

## 送子潁之淮南

憶昔去家三千里，未有交遊託燕市。當時獨聞劉海峰，每把清尊説吾子。尊府多年爲貴臣，君才氣更淩青雲。會稽禹穴華嶽頂，胸中萬里千嶙峋。歸來風月澹襟抱，勢去金貂非等倫。君愛朋交重圭璧，不恤家徒空四壁。壯士論心天地間，往往狂歌同落魄。去君遠下滄江烟，醉卧白雲天上船。西風落葉東流水，擂首南鴻思北燕。新知强對傷懷抱，未若平生故交好。海峰老隔黄山雲，見子依然薊門道。雄才應勒萬里勳，收身豈厭五湖島。但願爲龍我作雲，對子玉顔長不老。千里淮南雲水昏，幾人流落憐王孫。平生志意詎如此，離緒茫茫何可論。

## 紫藤花下醉歌用竹垞原韻

紫藤書屋古椽橑，紫藤春花復秋槁。紫藤架底著書人，吟魂冢閉縈青草。過從飲酒雕龍客，百歲風燈迹都掃。由來歷世猶駒隙，安得長生服龜腦？况余本性杞柳直，戕賊彎回成栲栳。朝走黃塵暮歸坐，便覺明燈賢書杲。今日攜行差快意，佳士花陰共懷抱。虬龍两幹拏空立，瓔珞萬條垂地倒。晚春蜂蝶惜來遲，夕照尊罍歸厭早。賞花京洛稀常遇，吹鬢東風易先老。承恩自昔如竹垞，抵巇一旦辭瓊島。男兒恨不早歸去，脱粟可餐衣布襖。鄙人欲作雞棲桀，多士自欣魚在藻。乘舸春水向江湖，回首花前幾人好。

## 獲嘉渡河　湖海詩傳選

河北山形壓天半，左挾軍都東海岸。雲騰風掣到河陽，二千里餘青一斷。我來經過衛州西，雲巘回頭百回看。竹林亭立明玕清，原泉飛下珍珠散。想見幽人尚考槃，安得同歸脱羈絆。北風忽出白陘口，吹渡秋河百川灌。山川聊供中流喜，舟車顧有知津歎。西南廣武數峰來，屈指英雄幾更換。

起四語數千里山形地脈，瞭如指掌。

## 登黄鶴樓次補山韻

夷陵西望巴山連，大江出空如墮懸。奔流一抹蹙滄海，大别黄鵠横障天。導江至此一夾束，瀠洄衣帶高樓前。憶昔赤烏始築邑，憑軒雷鼓空江填。此間開勢自明遠，釣台樊口誰能賢。一朝金雁瘗吴郡，何殊繐帳臨漳川。高樓千載幾興復，傳芭士女徒哀憐。因山命名義自當，俗説詎可丹青傳。虞翻地下應大笑，孰逢黄鶴騎飛仙。我聞譙郡戴仲若，往往野服從斂畋。仙人毋乃即此是，惜哉林壑空蒼烟。農部腹中有武庫，瘴鄉幕府嘗周旋。冞入深穴縛虎子，欲效左手如羊牽。正當千里縱黄鵠，豈將一渚從棲鳶。嗟余年往道亦廢，顧思暇豫偷安便。陪君欲鼓瀟湘柁，湖南未到秋雲邊。漢口暮見樓雉影，江風曉踏蛟龍涎。晴空孑孑上反宇，天幕澹澹垂重淵。無心坐見白雲滅，屹立惟有蒼山堅。人間萬事不須説，跂足當樓聊醉眠。

武昌城下之山曰蛇山，漢陽城下之山曰龜山。二山對峙，夾束長江，固形勝之區也。黄鶴樓屹立蛇山之上，鶴性啖蛇，物性相制。爲此象者亦壓勝之意。如秦皇覘金陵有王氣，使人斷其地脈也，至騎鶴仙人舊傳爲費偉，已見列仙傳。『譙郡』云云，只就水經注言之耳。

## 王少林嵩高讀書圖

我初訪子在揚州，天寒攜手王夢樓。破窗燈暗風颼颼，擁褐無伴聲伊優。推闔徑入驚仰頭，王君戲子令子求。指我君識是子不？多君曾未一面謀。道我姓字能探喉，王君撫掌笑合眸。一朝省試同見收，無錫尚書賓館稠。朝退論經幾客留，召我與子時從遊。王君先達居上頭，我才於世真一鯫。俯仰郎署斑生髟，尚書零落今山丘。王君放浪江湖舟，邈然罷郡歸幾秋。笑我滯迹猶貪媮，君如百鍊不改鏐。名在吏部將鳴騶，俾建功業爲民休。正當容我狂不羞，少日讀書老壯猷，回思故迹真雲浮。

今歲重九翁覃溪學士登法源寺閣作㪍字韻七言詩亦以屬鼐而未暇爲也學士屢用其韻爲詩益奇臘月飲學士家出示所得宋雕本施注蘇詩舊藏宋中丞家者欣賞無已乃次重九詩韻

學士金石搜南朔，攬異爲詩工刻㪍。閉門高興逸如雲，舒紙揮毫疾逾颮。今秋九月金垂砌，西嶺無雲玉出璞。霜寒勇上寺樓看，風舞懸旛翩不卓。成詩淵海得驪珠，欲和空倉饑雀啄。兹晨招客爲看書，來似鴻儔飛撲撲。雕鐫遠有嘉泰字，收藏近與商丘較。蘇詩傳世幾千首，高語去天真一握。當年獄案可悲傷，他日注家還踳駁。此編晚出施顧手，黨禁正解東南角。後來補闕更何如，虎賁雖在中郎邈。耽詩愛古皆結習，計短衡長非大覺。曾薄富貴書何厚，甘典衣裘襟可捉。子瞻自是千載人，學士豈比無心學。佳本與公吾亦欣，叩門會辨來觀數。

# 孔撝約集石鼓殘文成詩

在昔成周造西土，日出海隅皆奄撫。同文遂光天子政，異學敢施私智舞。大蒐有禮朝金舄，小雅餘篇鐫石鼓。東遷孔子悼詩亡，史有闕文吾尚睹。倔興暴國尚首功，撥去古文焚一炬。小篆從兹法丞相，爰歷競言受車府。援筆且便徒隸才，立政安求周召侣。雖然六體試古文，尚有典型存一縷。魏晉以後述者稀，科斗僅傳逮韓愈。厥後推求鐘鼎文，形響猜疑似聾瞽。銘勒誰可迹岐梁，真僞奚能知岣嶁。獨留此鼓見周人，猶似裔孫瞻鼻祖。文士甲癸紛臆決，强定成宣道文武。斷文闕義那得知，偉畫奇橆差可數。一朝聯綴使完善，墜玉零珠同貫組。文王清廟固難晞，急就凡將真下頫。乃知翰林有奇智，鍊石星躔如可補。嘗疑秦篆一家學，叔重雖精猶異古。言之成理或近鑿，有似郢人書燭舉。保氏本體益茫昧，後賢傳説時舛午。日在茻中會意莫，背私公乃韓非語。豈如石鼓堅可信，迺諺胡爲譏厥父。説禮無徵傷杞宋，崇舊有由敬收尋。嗟君好古如食跖，快讀奇字嘗如吐。益友多聞求寡昧，家法虚懷銘傴僂。何當再發壁中書，小學源流勝張杜。

以石鼓證小篆，則知許氏所解非倉史之舊義矣。氣格渾樸，才力富備，足爲韓、蘇後勁。

## 見禹卿題拙書後因寄

侍讀淨業真頭陀，静中萬象觀庵羅。起攬風雲入紙墨，筆勢所向揚天戈。金翅擘海作平地，巨靈分山流大河。世人不悟三昧力，將謂妙蹟回永和。嗟余弱腕綰春蚓，索處陋巷藏泥蝸。何緣手迹荷題字，皮薦價視蒼壁多。憶昔風帆共投宿，金山夜鼓驚鳴鼉。君呼起説微妙義，履行巨浪穿烟蘿。倚立雲間天澹外，長江蕩與空相摩。三客怳如宿世在，千生了辦須臾過。人間别離細事耳，乘輪退轉憂蹉跎。子潁困卧已近死，與子那得長委蛇。一臂可爲初祖斷，三折豈屑張芝波。快雨堂中想投筆，仰見圓月升牆阿。江上一書通問訊，翻湫倒海將如何。

## 良醫行贈涇陽張孝廉菊

自古良醫多出秦，孝廉晚出當其倫。授受無從古術絶，山川靈異能通神。一戰燕山屈群士，殿側裁文奏天子。謂知弓冶繼家聲，孰料刀圭起人死。江山地有金陵壯，萬室曾城壓江上。乃翁强項困爲宰，命子活人譬良相。經營智出非禁方，痛瘝情切方無恙。老夫卧病嘗兼旬，賴子每過情愈親。已信發蓍遄有喜，况聞快論偪可伸。君家孝友稱義門，詔書褒使薄夫敦。乃翁行古非俗吏，餘慶那不遺後昆。帝所諧聲待韶夏，天池奮翼須鵬鯤。地中生木象慎德，况年始逾冠加元。術如和扁固小技，文高潘陸猶無論。巀嶭終南氣未已，當今相國誠賢矣。安知人無邁古才，更與成周閎散比。老夫未死得君醫，拭目人間有見時。願子勉學致其大，一世膏肓皆可治。

良醫即可良相，活人推之活國，贈人以言，不苟如此。

## 馬雨耕住相圖

自有天地驅羲娥，風雲變滅流江河。我昔嬰稚今髮皤，如箭逝弩絲運梭。直逮建翌嘶虞歌，焉得停晷容婆娑。君取住義將云何，君言變者自遷訛。有不變者常無他，心如死灰身槁柯。所住非中非四阿，須彌蚊睫誰幺麽。稊米萬物非寡多，萬劫靡辨于剎那。了無未來與已過，此爲住義奚可訶？我聞塵根相盪磨，應舞住相傳佛陀。須菩提聞涕滂沱，今始知道異昔科。况君涉世猶同波，畫成戴髮爲優婆。忽然念起火焚和，恐君禪病容未瘥。因言生氣皆網羅，住與不住同偏頗，更請斷臂求達摩。住與不住，此中禪悅，未許他人參也。

朱石君中丞視賑淮上途中見示長句次韻

此身未作龜藏六，擾擾人間同一局。春水常乘東下舠，霜林每引西還轂。論材真似蒿蔚卑，學道不如荑稗熟。先生伯仲才峻崇，兩角去天幾一握。文高萬士喑無聲，德盛千豪書可秃。固應廝養皆人豪，却愧雕鐫加朽木。筍河已歎火傳薪，使君今作凶年粟。我從竹馬試迎車，但覺謙衷彌粥粥。咳唾小且出千珠，事業宏宜安萬屋。獨思舊夢五十年，那得從容髮還緑。

法源寺 時張樊川侍讀引疾同遊。

卧碣唐朝寺，春階上草芽。客來清磬歇，鳥哢夕陽斜。筒水澆青圃，檐風隕白花。欲偕投紱老，終日問楞迦。

## 淇縣

曉色高原上，連山夾路隅。單車度淇水，秋雨緑王芻。聞道青巖迹，長懷隱者徒。林巒深翳蔚，中有片雲孤。

淇奥『菉竹』，毛傳：『菉，王芻也。』

## 銷暑

古木陰能大，空牆日亦幽。風絲垂縊女，雨蔓長牽牛。尚友誠多遜，離人庶寡羞。暑窗深竹韻，危坐與神謀。

爾雅：『蜆，縊女。』今生榆枝上，垂絲蟲也。

天門阻風

亂山蟠野合，雙嶂矗雲開。地擁江聲出，天橫雨勢來。輕蓑漁故往，挑菜市都回。老子惟高枕，東西任擊㕩。

遊瞻園和香亭同年兼呈東浦方伯及在座諸君　八首之一

高軒開夏氣，幽檻剩春花。蘿翠升還墜，松聲壯不譁。褰衣穿數曲，當席眺千家。未覺淹留久，江天送落霞。

江南榜發同居諸友多被落感嘆成詠

九日明朝至，千山秋氣來。江南悲送客，雨際罷登臺。旅館須耽醉，風帆且緩開。誰憐黃菊節，多滯白衣才。

## 鷲峰寺

寂寂青谿水，蕭蕭祇樹園。江潮春入郭，海月夜當門。銀杏風前活，金容世外尊。陳隋銷落後，來聽道人論。

自注：寺有銀杏，既枯復榮。殿中佛像，金色獨異。傳猶江總捨宅時造。

## 聞香茝兄陳臬廣東却寄〔一〕 二十韻

舊德前朝在，傳家後起難。江山留治迹，祠廟足辛酸。兄仕初爲令，君恩每改官。分符臨夏口，建節過閩灘。荒服南溟闊，雄藩列嶂巑。命提中典使，首立外臺端。經術良爲本，科條亦可觀。霜風清瘴癘，蛟鰐伏波瀾。陳氏嘗慚長，諸袁實繼安。公卿終可致，道德在無刊。永憶家風厚，咨嗟獄吏殘。深文堪惕息，考讞極創瘢。昔濫京倉禄，晨趨省户丹。循書黄案尾，默愧惠文冠。隱几今懷耿，中宵每竊歎。政宜〔二〕褒召杜，道必閉申韓。陳臬雖無陂，推情或未殫。勿憂敷奏却，翻戒慮囚寬。梅嶺延冬燠，茅檐卧歲闌。公私相望切，引領屬加餐。

陳氏二聯，寓規于頌。

**校記：**〔一〕詩集詩題作聞香莛兄擢廣東按察使却寄二十韻。〔二〕『宜』，詩集作『兹』。

## 謝公墩

昔聞謝太傅，登眺此江東。宰物仍高韻，清言見道風。早齊東海德，晚配始興功。曹植詩多怨，羊曇慟復窮。閭閻葵扇在，烟靄石城空。遠想非無士，從遊詎有公？一墩當水白，三月落花紅。更作書生詠，青山夕照中。

次聯自是謝公。

## 方坳堂昂以巡道提調南闈被詔擢貴州臬使某適遊吴越逮其出闈不及祖餞以詩追送　二十八韻

千山百越郡，萬里五溪源。地遠開都會，才難任榦藩。皇仁同近輦，使者命乘軒。道在儒生勇，人依執法恩。繡衣將日月，襆被共朝昏。一夕朝青瑣，三年住白門。帝諮方略盛，民戴德風温。涕泗秦淮水，徘徊禁掖垣。遄歸期仲甫，急病且臧孫。帆泝三江上，塗窮五嶺垠。秋風彭蠡雁，落日洞庭猨。志壯行無繫，時艱事有原。楚郊嗟獸駭，蠻洞聚蜂屯。太乙回西指，將軍據右尊。風雲埋戰壘，歲月未櫜鞬。封事參降畔，夷情雜詐諼。喬良今屬汝，頗牧不須論。辱好如昌歜，瞻風接芷蓀。烟開江總宅，草長謝公墩。半榻棲荒寺，聯裾訪廢園。極知東壁蟋，豈偶北溟鯤。適越才開艇，興賢正閉閽。盤遊淹帢履，情好隔笆塤。想像登車節，乖違祖帳樽。丈夫矜大志，兒女謾銷魂。國伐書金鼎，田家醉瓦盆。所欣光事業，非僅賴平反。寄望天涯路，因歌江上村。

## 古意

青柳高樓白馬駒，五陵春醉酒家胡。君家新市長安少，臣里佳人楚國無。在下願爲莞蒻薦，與郎儂作博山爐。東風門外蘼蕪晚，更折瑤華向路隅。

體格仿沈雲卿，用意則本之淵明閒情賦也。

## 望潛山

道邊隻堠復雙堠，天半大山宮小山。客子出村暮喚渡，居人微雨寒閉關。橫空積樹雲漠漠，交流斷徑谿潺潺。不知蒼松最深處，喬公白鶴誰往還？

## 金陵曉發

湖海茫茫曉未分，風烟漠漠棹還聞。連宵雪壓橫江水，半壁山騰建業雲。春氣卧龍將跛浪，寒天斷雁不成群。乘潮鼓楫離淮口，擊劍悲歌下海濆。

## 過汶上吊王彦章

楊劉兵度大梁危，飲泣猶當奮一麾。亂世鳥飛難擇木，男兒豹死自留皮。天連白草橫殘壘，日落陰風擁大旗。莫問夾河争戰地，渾流徙去黍離離。

三句妙於斡補，四句用本事，乃不覺沾滯。楊劉河，宋屢決而南徙。

## 清苑望郎山有懷朱克齋 時知衛輝府。

男兒三十分銅竹，多少功名到白頭。紫陌鶯花故人牘，黄河風雨郡城樓。欲將北海同樽酒，繞盡西山到衛州。回首數峰蒼翠在，幾人能不憶林丘？

此山谷集中最勝之作。

## 漫興

故人揖我燕山前，送我來過清汶川。海右青山不可極，中原白日何茫然。牛羊落落散高壟，車馬駸駸誰少年。往來斯世卒無補，俯愧古人青簡編。

## 夜起岳陽樓見月

高樓深夜静秋空，蕩蕩江湖積氣通。萬頃波平天四面，九霄風定月當中。雲間朱鳥峰何處，水上蒼龍瑟未終。便欲拂衣瓊島外，止留清嘯落江東。

三、四寫洞庭夜景，他處移置不得。

## 送朱子潁孝純出守泰安　四首之一

文筆人間劉海峰，牢籠百代一時窮。别來書到長安少，死去才令天下空。傳説足疲登陟罷，尚應舌在笑談雄。君懷師友頻郵置，消息淮南幾次通。

四語海峰當之，頗爲不愧。

## 懷朱竹君

學士文章三十年，清修難弟亦稱賢。肯令節似郊祁詘，何必才爲絳灌憐。世態期期求復古，酒懷浩浩欲登仙。一時門下稱英少，誰是侯芭受太玄？

五句謂考訂學之瑣瑣也，竹君即講考訂者。

## 陶怡雲深柳讀書堂圖

我如枯樹託婆娑，愛見新條發舊柯。往日讀書真恨少，少年如子豈能多？風軒百尺摇陰翳，雲幌千秋對嘯歌。願得隔窗斜倚聽，立深飛絮覆階莎。

## 答朱石君中丞次韻

衰年薝蔔甫聞香，那得全將六用藏。縱有隨之推老馬，其如後者未鞭羊。使君膏物真時雨，故友零柯怨早霜。不貴蕊珠傳不死，諒公宇定自天光。

石君相國晚年佞佛，先生亦潛心内典，故起結云云。

## 婺源胡奎若藏黄石齋自書五言詩蹟題後

直言瀕死荷戈餘，社稷猶思再掃除。指佞朝廷惟汲黯，存亡時勢異申胥。秋來草没宫門路，夜半燈寒屋漏書。要識艱危成節概，不隨流俗在平居。

「存亡」用左傳「存三亡國」語。

## 哭魚門

遇君通籍已華顛，猶見雄才賦百篇。送别議聯元亮井，論文曾許伯牙絃。十年白虎成通論，幾日揚烏與太玄。一入崤函身不返，空聞解紱買江船。

魚門後依畢秋帆於關中，遂卒於秦，故結末云然。

## 和袁香亭清話

白頭老子尚婆娑，未便空山考在阿。紅藥階前春事減，沙棠舟上酒情多。衣沾天女花難去，隙閲奔駒影易過。試就詩人乞禪悦，右丞容即古維摩。

## 過程魚門墓下作

憶挈柔毫就石渠，春風花藥襲襟裾。隨珠荆玉多奇士，金匱名山見異書。霄漢幾人成令僕，滄州吾道在樵漁。獨君埋骨青山隧，長鬣呼風似識余。

落落前蹤，萋萋宿草，不言哀而哀已至。

## 出金陵留示故舊

又向青谿十日留，依然雙闕望牛頭。交遊聚處思移宅，衰病行時愛棹舟。蕭寺風多長似雨，後湖烟澹總如秋。摩揩老眼僧書内，不爲興亡作淚流。

## 寄李雨村 調元

故人與我尚人間，曾傍金鑾玉筍班。地勢風烟難蜀道，天涯雲水各江關。偶將文筆傳消息，竟謝簪纓孰往還。衰鬢不防論事業，發揮潛德又誅奸。

筆勢超俊，聲情激楚。此蘇、李河梁之遺。

## 輓袁簡齋 四首之一

半世秦淮作水嬉，沙棠舟送玉簫遲。錦燈耽晏韓熙載，紅粉驚狂杜牧之。點綴江山成綺麗，風流冠蓋競攀追。烟花六代銷沉後，又到隨園感舊時。

三、四擬簡齋，以熙載、牧之最爲切當。

## 寒食雨

細雨泠風日夜催，陰沉庭户長莓苔。山城樹底花頻墜，關路淮南客未來。三月晚春悲老物，百年後死待奇才。坐看暝色階前合，北向寒空數雁哀。

陳碩士用光云：『戊午謁先生於江寧，舉此詩，語用光曰：「此懷汝作也。」』

## 示客

已識西堂合射艱，況教口腹累人間。庾郎正貴陳三九，袁粲何須破八關。明月清風同入座，緑葵紫蓼總開顔。不容更命門徒議，早聽周生諫小山。

## 題畫

山遠雲尤澹，江空影最長。秣陵秋易到，不獨爲林霜。

## 楞伽寺

上方雲氣上，寺塔上方巔。杖策層層石，憑欄面面天。

## 離思 六言

畫角一聲江郭，布帆幾疊風亭。前日故人千里，倚樓依舊山青。

## 山行

布穀飛飛勸早耕，春鋤撲撲趁初晴。千層石樹通行路，一帶山田放水聲。

## 出池州

桃花霧繞碧溪頭，春水才通楊葉洲。四面青山花萬點，緩風摇櫂出池州。

## 送人往鄰

九月燕郊草尚青，送君且爲住郵亭。明朝月落漳河曉，無限飛鴻不可聽。

## 出湖口

扁舟昨夜泊湖涯，霜重蘆枯宿雁知。朝日忽生彭澤縣，挂帆無數小姑祠。

## 濟寧城東酒樓憶亡友馬牧儕

汶河垂柳萬枝輕，把酒高樓對馬卿。十四年來兩行淚，春風重過濟州城。

## 題畫梅

老夫對客常思卧，誰寫疏枝劇可憐。渾憶揚州喚吹笛，梅花嶺上值新年。

## 論書絶句

裙屐風流貴六朝，也由結習未全銷。古今習氣除教盡，别有神龍戲絳霄。

雄才或避古人鋒，真脈相傳便繼蹤。太僕文章宗伯字，正如得髓自南宗。

## 雨夜

秋館蟲吟出草根，紙窗塵榻一燈昏。瀟瀟半夜龍江雨，知有寒潮又到門。

此詩第三句元作『南湖雨』，後改『龍江』字，以南湖不通潮也。於此見詩律之細。此詩擬韋公之滁州西澗殆可無愧。

## 爲周期才題春江歸棹圖

如織江帆上下流，無人天際識歸舟。昨來停棹還西去，畫裏升州似鄂州。

## 莫愁湖櫂歌

春光易盡是湖涯，桃李成陰柳作花。和雨和烟千萬樹，不知誰是莫愁家？

遊人散盡漸烏棲，惟有漁舟半隱堤。一曲櫂歌明月上，淒清風露女牆西。

## 題畫

千巖雲起壓林低，黄葉聲涼送馬蹄。雨急看山行更緩，野人家止隔前谿。

## 遊攝山宿般若臺院 四首之一

密樹陰沉般若臺，珍珠泉映井天開。蕭條彌勒龕邊宿，一夜横江風雨來。

## 松圓老人小景

荒寒空水夕陽流，落雁聲遲近荻洲。識取松圓詩裏畫，秣陵天遠不宜秋。

### 螐磯靈澤夫人畫像

婿維大耳紫髯兄，蓁首帷中與論兵。英氣不隨興廢盡，危磯時蹙怒濤聲。

孫夫人陳志無傳，此略本之先主、趙雲、邵正等傳。

## 姚建十一首

**姚建** 字石卿，號袖江，乾隆間監生，有養疴山房詩鈔。孫紫垣曰：『袖江有汲華亭詩鈔，薰香摘豔，麗藻彬彬。及後得周痺之疾，藥爐經卷之旁，安置筆墨，閱歲疾漸瘳，春秋佳日，遊覽郊坶而聽蟲懷人，挑燈瀹茗，杜門吟詠，抒寫性情於摇珠横錦之餘，一洗前習，得詩若干篇，爲山房詩鈔。』

### 短歌

人事不可測，海水安能量？昔時豪家子，今朝棄路傍。朱樓十二雲中起，春日三千耀珠履。一夕饑烏樹上啼，玉簫金管空紈綺。明月夜照桑樹頭，門前溝水東西流。黃金散盡如春夢，可憐華屋成山丘。人生百歲那可得，子孫富貴營胸臆。不如飲酒且看花，何用淩風雙羽翼。

## 孝子義婦詩

族人西岑與鄰人鬬，其子廣庭同弟救父，誤傷斃鄰人，廣庭身任之。有司憫其孝友，輕論之，逢赦，改軍爲徒，得生還。妻楊氏自夫獲罪後，事翁姑殁，即爲尼。後十四年廣庭徒滿歸，族勸楊氏復完聚，楊氏不可，遂皈釋以終其生。

天風慘澹愁雲黃，乳烏啞啞啼東廂。阿父負氣急鬬很，有子助鬬罹禍殃。舉室倉皇念老叟，獨上公堂寧自首。阿兄負米苦馳驅，阿弟孱羸尚黃口。一時稱孝長官憐，圜扉草緑鋪青烟。委宛呈情達比部，紫閣峰高遠戍邊。鐵索琅璫去鄉里，死別生離一彈指。荏苒春秋十四年，拋棄龍眠好山水。花落花開春復春，邊關猶有遠羈人。倚閭望斷金微路，風雪山川入夢頻。蘚苔壓翠家蕭索，二人寢疾歸泉壑。中郎阿大入空門，營葬營齋安所託。巾箱檢點舊時衣，膏沐無施蓬鬢飛。負取北邙山下土，白楊幾樹帶斜暉。古刹來皈選佛場，風林水烏意淒涼。花宮仙梵敲清磬，月落烏啼夜有霜。自歎今生緣已斷，貝葉曇花登彼岸。片時春夢熟黄粱，禪宫不使心神亂。忽聞赦令遍寰宇，多少征夫爲起舞。黄山改配整歸鞭，故鄉雲物遠争睹。蹉跎一載返柴門，溪水潺湲認舊痕。室在人亡睹遺挂，九原渺渺未招魂。落拓此身悲隻影，轆轤百轉同金井。破鏡重圓勝樂昌，青絲無復雲鬟整。天外孤鴻各自鳴，粥魚茶鼓六時清。此心早許堅冰雪，石上因緣説再生。

就事順敘中，而宛轉關生，情韻楚楚，頗兼竹垞、梅村兩家之勝。

## 訪何三良弼

花落草如積，流鶯聲亂啼。結茅翠微裏，遥隔暮雲西。短褐交應遍，長鑱手自攜。橋東重相訪，天際下虹蜺。

## 片野同家姬傳比部作

天外霞如綺，巖前樹作屏。惟將狎鷗意，直寫换鵝經。雲氣連城白，山容帶雨青。西風吹短髮，趺坐種松亭。

雙溪草堂

一徑入蒼翠，四山生白雲。松陰堤上直，流水鏡中分。草長公麟宅，烟迷太傅墳。野人雞黍約，村外澮斜曛。

西疇對月和韻

爽氣涵空碧，青天一望遥。月明分極浦，風勁捲清潮。孤雀横江過，長鯨跋浪驕。荒林怨摇落，雙鬢影蕭蕭。

田　家

入竹疑無路，迂回始到門。一身粘蝶粉，雙屐印苔痕。水碓舂雲子，霜畦穫稻孫。空林殘照落，壟上散雞豚。

## 子夜歌

妾如水上萍，郎似風前絮。一樣隨春風，飄然自來去。

## 板　橋

十二紅欄雁齒齊，行人落日板橋西。春山一抹看如黛，飛盡楊花杜宇啼。

## 懷謝大香祖

綠槐深巷一蟬鳴，雨過遥天夕照明。江上餘霞帆影没，臨風獨憶謝宣城。

柬陳六琴

書罷羊欣白練裙，墨花猶繪敬亭雲。爲君吟盡題襟集，夢繞揚州月二分。

## 姚　馨二首

**姚　馨**　字荔香，號椒林，乾隆間監生，有椒林遊草。

荆隆工次與竹君小酌

漠漠黄流望杳冥，暫容孤館瀉銀瓶。要忘客况全憑醉，怕聽秋聲不敢醒。古廟松篘千歲緑，故人風雨一燈青。經年别恨知何許，漸覺蹉跎鬢欲星。

訪劉處士

半畝方塘一水横，客來不見主人迎。池邊只有鶴閒立，斜聽楸枰落子聲。

## 姚超恒十首

**姚超恒** 字迥夫，號雪塘，乾隆癸卯副榜，有雪塘詩鈔。

春歸偶作

春風何時來，芳草日已緑。况兹新雨霽，園林氣清淑。時復巾我車，駕言適山曲。高柳摇黄金，清泉碎鳴玉。景物良復佳，吾生理亦足。笑語桃源人，盡此杯中醁。

## 聽張二彈琴

張生手持三尺琴，爲我彈作蒼龍吟。遊魚出波聽窈緲，天風浩蕩江海深。世人好尚不解此，秦箏趙瑟紛紛耳。大雅堂淪草澤中，良材誰惜空山裏。張生好是神仙人，偶然入世全其真。家藏赤軸五千卷，身卧名山三十春。長風拂廊月照瓦，悠然再鼓茅堂下。丈夫得意須盡歡，誰能更俟知音者？

## 短歌行寄吴晴圃

長風吹空捲雲霧，我有故人千里去。天寒日暮不得歸，歲晏相思渺何處？丈夫挾策走四方，論功不數尚書郎。終軍請纓何慷慨，馬援銅柱生輝光。嗟君老大不如意，獨在中州掌書記。朝懸絳帳共談經，夕對寒燈親校字。家有白髮堂上親，年年陋巷常灰塵。得錢只足供菽水，道路皆言先生貧。昨夜雪花大如雨，隨風吹落江頭樹。剡水誰同訪戴舟，梁園應重相如賦。君不見草色芊綿日漸新，眼前歲月如車輪。會須努力看花發，莫被春風笑殺人。

一彈再鼓，其聲清越，猶是高、李遺響。

## 青　溪

淼淼青溪水，盈盈芳草滋。潮生江令宅，花發小姑祠。我欲呼蘭楫，中流唱竹枝。繁華何處問，惆悵不勝悲。

## 新　柳

綺閣韶光滿，雕欄柳色新。鶯花三月暮，眉黛六宮春。風暖楚江上，烟濃渭水濱。欲教吹鐵笛，或恐贈離人。

## 宿山中古寺

何年方外寺，蒼翠絶塵氛。一徑入黄葉，四山惟白雲。齋時清磬起，客至妙香焚。坐久忘言說，蕭然知夜分。

## 懷潘价藩

憶爾小姑山下去，經時寥落在江州。少年爲客何曾慣，遠道悲秋不自由。吊古應憐彭澤柳，懷人獨上豫章樓。故園今夕遥相望，空逐金波盼斗牛。

## 楊柳枝 三首之一

春塘水平摇畫船，岸上垂楊帶晚烟。吴姬送酒唱别曲，手拂銀箏春可憐。

## 竹枝詞

郎去江東江水秋，妾家蕩槳湖西頭。江湖本是無情水，不作烟波一處流。

## 珠江竹枝詞　十首之一

橫梳小婦豔新妝，買就春衫杏子黄。欲赴金花拜神會，對郎先索海南香。

# 姚瓚一首

**姚瓚**　字玉田，號環滁，乾隆間國子監生，有環滁詩草。姚氏家傳：『公攻舉子業，屢試鄉闈不售，兼通醫，活人頗多。著有醫案十六卷，居鄉所爲多有益於鄉里，人咸稱之。』

## 八十自詠　八首之一

嫩寒微破小陽天，甫里先生届大年。鶴子久馴頻警露，龍孫叢繞盡含烟。春來課雨憑鳩喚，秋到鳴霜任雁傳。扶杖自臨流水鏡，蕭蕭華髮已皤然。

## 姚　愷二十首

**姚　愷**　字愷臣，號洛川，乾隆間國子監生，有石笏山房詩集。文聚奎曰：『先生富學殖，敦道誼，工詩、古文辭，族兄姬傳雅重之。屢試於鄉不售。道光辛巳詔舉孝廉方正，邑紳士以先生薦，未就。所著詩文集十餘卷。』

### 嵇中散康言志　擬江文通雜體詩三十首之四

采藥入空山，白雲迷鳥道。日出林霏開，花落春風掃。此間有真隱，何必居蓬島。客子前致詞，未肯抒懷抱。金爐鍊丹砂，玉杵藥常搗。予雖愧子房，君可方四皓。忽聞蒼龍吟，驚使狂瀾倒。又如鸞鶴鳴，響遏雲浩浩。感此坐嘯聲，時懼紅顏老。願作逍遥遊，功名薄魯縞。

## 張黄門協苦雨

大旱望雲霓，熇熇出皎日。煩渴思涓滴，不雨雲空密。忽驚地氣醒，層陰如點漆。雨師倍有神，風伯多奇術。極望川原平，浪駭丘山失。堂隩走龍蛇，樓臺争蚌鷸。陰霾暝不開，匝旬日有七。老翁釜甑沉，氣象何蕭瑟。屋漏夜有聲，何處堪容膝。但吟飄摇詩，空仗如椽筆。

## 謝法曹惠連贈别

朝遊發崑崙，暮返息溟渤。萬里摶青雲，神俊飛雙鶻。采珠適鮫宫，攀桂造月窟。二陸可齊君，藻黼相間發。忽忽當遠行，駕言戾百粤。炎海難方舟，一葦乘寶筏。樽酒敘悲懷，慷慨歌倉卒。緲緲岫生雲，茫茫江浸月。攜手臨岐時，驅車江路滑。臨别特贈言，無使壯心歇。乘風會有期，翘首趨丹闕。

## 謝光禄莊交遊

結駟遊青齊，管鮑分金處。事已去千載，芳名猶炳著。人生貴意氣，接物須平恕。春風自東來，百卉蒙吹嘘。並轡騁中原，方舟泛灩澦。枝頭百鳥鳴，嚶嚶達天曙。河漢廣且深，必得衆流助。桐花萬里榮，願與翔鳳翥。

## 讀　史　五首之一

鷲鵠摩層霄，蒼龍躍天海。苟爲欲所豢，倏忽羅菹醢。象齒既焚身，翟羽空文彩。信啟天漢疆，種燮於越鼐。惜哉昧謙退，終難遠吝悔。逝者不可追，蒼茫問真宰。

## 秋梧引

萬里雪山風，吹斷黄雲影。亭亭百尺桐，葉葉飄金井。秋蟬咽木休，玄鶴唳風警。威鳳巒高柯，棲老丹山嶺。淡烟寒野色，殘霞暄暮景。蕭瑟戛清響，漏下寒宵永。孤月皎夜光，素輝秋耿耿。誰家擣衣聲，葉落輕砧冷。

## 偶成

黄鵠有遠志，不與鸞雀儔。振翮崑山巔，刷羽弱水流。一舉九千里，摶風淩素秋。烈烈君子心，耿耿翻百憂。哲人日以遠，寸陰爲誰留？既讀古人書，懼貽孔顔羞。但從性所安，外此非所求。高天澄玉宇，爽氣廓九州。坐對浮雲馳，恍與造物遊。

## 大窊口　用杜陵木皮嶺韻。

落日銜西嶺，牛羊下雲根。春山凝暮靄，板輿來烟村。山花迷古路，垂柳暗林園。不見塵氛擾，但聽水潺湲。車中睇群山，突兀蒼龍奔。高出青漢表，遠將滄海吞。崩崖豁欲斷，潛伏但微痕。蓄勢騰空起，疑爲熊虎蹲。瞑色青蒼裏，冉冉烟林昏。迷離目力倦，暫停春雲軒。衣冠聚童叟，笑語共温存。雁行長幼序，肅凜義禮門。緣枝思木本，循流思溯源。家聲舊清白，禮器仰彝尊。欲問夜何其，月上如金盆。

## 謝崔翁筠谷畫竹

昔聞梓潼使君章留後，桃竹雙枝贈工部。攜過君山湖上之青峰，恐隨烟雨化爲龍。我今繫艇秦淮水，萍蹤喜遇華林史。蕭蕭白髮如童顏，筆墨流傳宇宙間。不羨青玉案前雙玉斗，但愛先生落筆龍蛇走。風蕭雨晦難逼視，往往似作蒼龍吼。先生逸興神飛揚，贈我墨竹如琳琅。高者舞鳳驂鸞凰，低者纔如鶴臂强。直者勁節淩冰霜，斜者遠勢破青蒼。大者直拂秋烟長，小者甲扎穿籬牆。我攜此圖過牛渚，風摇竹影波紋裏。蒼水使者爾有知，可將大禹圖經來比擬。我攜此圖歸故山，龍眠萬壑開新顏。唤起公麟巖谷裏，與之評論碧雲關。我焚名香對圖坐，蕭蕭弄影如知我。我對此圖揮古琴，風篁成韻流英音。錦纏牙匣不輕啟，時或一展稱素心。長江浩淼隔千里，隔千里兮思君子。思君子兮不能忘，夢魂飛渡江之汜。濤頭如山使我驚，究難把袂親知己。重展此圖相晤語，滿堂颯颯清風起，筆墨之痕胥化矣。

## 讀錢雁湖勛仍文集因作長句

昔聞吴越武肅王，英雄割據都餘杭。强弩直射海潮落，恭迎真日歸扶桑。屢朝耆德毓靈瑞，巧織雲錦披天章。田間老翁雁湖叟，逸民上接夷齊耦。竹林二阮許齊名，阿咸文海擒王手。筆參東岳轉鴻鈞，壽臨南極輝星斗。誌傳希蹤馬與班，韓碑於此開新顔。潮音隱放俱高妙，蔚宗永叔相追攀。雖非麗藻掞天庭，却藏石室壽名山。我時菌閣開雲幌，座環圖史襟懷盪。博山爐爇沉水香，篆烟裊處凝清賞。不徒浮慕隨流波，實欲冥索窮象罔。但驚筆陣滄溟開，文濤怒吼生風雷。三山隨風入縹緲，九派銀河並轉回。慧珠十乘光照耀，筆花豔簇金銀臺。世儒修辭非不工，鐫刻月露與雲風。盛衰枯菀隨花落，誰能砥柱洪濤中？古人立言繼立德，江河行地思禹功。雁湖已殁百餘載，高文典册增光采。我披錦篋探精思，茫茫意匠窺真宰。益知蘇子表忠碑，天目鍾靈綿越海。

## 讀魏其武安侯列傳因作長句

史稱田竇好儒術，身歷將相匡王室。汲引趙綰與王臧，明堂禮樂相稱述。果能公爾盡忘私，自當翊贊推良弼。二子顯榮由戚里，椒房附蔦增新蕊。魏其巵酒諫傳梁，高祖約法不傾圮。况握虎符破吴楚，輕財用賢張國紀。洵哉知臣莫若君，功名沾沾惜自喜。武安王后異父弟，依倚日月扶丹陛。威權顯赫丞相尊，不與王侯相抗禮。勢位相軋更相傾，輘轢公卿肆毀詆。無端隙構灌將軍，痛心疾首難湔洗。灌夫執盾入吴軍，天爲黯淡鎖愁雲。此身齏粉不敢惜，忠孝義勇動星文。魏其失勢久罷相，仲孺坐法亦同群。兩人失意心相契，憂患交情天日誓。同處欷歔失路中，寸心尤難忘慕勢。席間作色氣陵人，酒酣罵座詞鋒鋭。佔畢耳語程不識，遷怒洩憤遭排抑。庸流何足較輕重，法網反桎雲霄翼。仲孺獨死嬰獨生，魏其義憤難填塞。盈庭首鼠誰批鱗，汲鄭直憨氣亦墨。卒論棄市渭城隅，皓首同歸竟殞軀。受金陰事覺明主，武安在者亦族誅。自古勳戚不足恃，急流勇退須知止。韓彭功烈且菹醢，蕭樊姻舊亦囚累。竇田儒術不庇身，張曹黄老全素履。處約處樂能兩忘，患得患失必潛弭。二子所好果真儒，不義富貴浮雲裏。

## 訪崔翁筠谷不遇

疏柳清溪岸，華林外史家。閒階馴鹿鶴，古壁認龍蛇。采藥雲迷路，逃禪雨作花。夕陽深巷晚，留語舊烟霞。

## 復得姬傳兄金陵病愈之信詩以志喜　八首之二

江表瞻人瑞，天留老客星。文章尊一代，筆墨走群靈。門列三千士，師爲百世型。漢廷推伏勝，九十正傳經。

衛武耄猶學，香山興更濃。江天存碩果，海内景文宗。觀物頻知化，餘生又幾重。顧隨桃竹杖，烟雨駕雙龍。

## 秋草

典却青袍怯暮寒，秋容憔悴倩誰看。風來北墅蟲聲冷，霜墮南園蝶夢闌。靈運池邊春夢杳，明妃塚上緑烟殘。况聞畫閣疏林外，吹動關山行路難。

## 天門山覽古

萬里岷濤瀉大荒，東連海色正蒼蒼。峰開烏兔經過速，水挾魚龍晝夜忙。吴楚茫茫江上下，齊梁歷歷事興亡。花雲死處重回首，直逼雲天浩氣長。

## 登燕子磯和漁洋原韻

暮天空闊彩霞收，放眼危磯水上頭。萬里鼋鼍奔七澤，六朝龍虎峙千秋。高吟句險驚星落，長嘯風生掣海流。天塹不須横鐵鎖，三山壯氣接瀛洲。

## 泊牛渚

夕陽西下彩霞收，小泊輕舠古渡頭。咽咽笳聲悲野戍，蕭蕭蟲語織涼秋。漫誇寶帶犀臨水，且釣金波月作鉤。乘興高吟忘夜永，紛紛風起荻蘆洲。

## 江畔獨步尋花用少陵原韻

聞得香生緑水濱，汀蘭岸芷不勝春。閒支筇竹頻來往，自許襄陽策蹇人。

縹緲香從杜若來，江潭夢客爲愁催。吟來蕚緑知非遠，玉闕瑶華取次開。

# 姚毓楣六首

**姚毓楣** 字帶虹，號虎癡，乾隆間邑諸生，有翠峰詩鈔。

## 與老農閒話欣然有作

號物數有萬，厥賦判賢愚。群生大塊中，秩敘由此區。貴賤位以定，事使途因殊。粤若稽古來，沿襲疇或渝。化行禮樂作，萬象一時蘇。德風嘘小草，披拂來于于。嬰兒念慈母，前行後則趨。蔦蘿翳松柏，葉葉盤根株。細鱗回春波，健翮翔天衢。上下得其所，在道無隆污。人生際熙皞，浹髓淪肌膚。衣食憑作息，耕鑿樂勤劬。畢世與天遊，我亦漸忘吾。當前即太古，詎必陶唐虞。

## 閒居雜詩

遊心任大化，雅志在林丘。置身群動間，即物窮冥搜。園蔬恒化蝶，異哉究何由。當其未化時，葉緑莖油油。脱身遠軀殼，形迹忽不侔。飛飛還舊畦，尚識舊吾不？不念託根穩，但樂此飄浮。栩栩倏以去，吾將訊莊周。

此詩人蜉蝣之喻，非徒蒙莊齊物之意。

## 泊青山

爲問龐居士，雲山第幾重？閉門松子緑，斜日雨花紅。應復開蓮社，何時晤遠公。坐看空翠落，□地影濛濛。

## 秋　思

千金臺畔夕陽殘，露冷西窗白袷單。獨鶴自鳴星漢表，美人遥隔水雲端。黄楊過閏懷新易，絳蠟成灰再熱難。幾度封書倩鴻雁，秋來爲我勸加餐。

## 題　畫

山静若爲容，林深繚以曲。不見山中人，溪流瀉寒玉。

## 寄懷張㵽兹

故人送我白蘋洲，江天摇落江花愁。一聲風笛櫂歌遠，半夜月來憑柁樓。

# 姚青藜三首

**姚青藜** 字在陸，號星予，嘉慶間諸生，有自怡集。

## 七里瀨

夾岸千峰矗，中流一線通。河汀烟草碧，樹杪夕陽紅。魚躍抛長網，雲低礙短篷。過瀧偏倏忽，憑借半帆風。

滕王閣

豫章高閣勢嵯峨，極目空江渺白波。石鏡山邊雲影聚，百花洲上雨聲過。亭遺孺子生芻茂，圃號蘇翁種菜多。此夕片帆沙際泊，月明人静聽漁歌。

花　地

那分秋桂與春蘭，四季花光似錦攢。須識園丁無異術，從來此地不知寒。

## 姚　雙八首

姚　雙　字瑞南，號挈華，乾、嘉間貢生，有正誼齋詩集。

### 擬歸田園居 四首之一

朝遊南山去，暮采紫芝歸。雲烟出林杪，明月穿我扉。荒村絶羅網，鴻雁任高飛。造物自有意，人生當知幾。

### 烏江懷古

衣繡思歸久，艤舟竟未還。八千慚魯國，百二擲秦關。兒女悲歌裏，英雄叱咤間。鴻溝誰負約，終古咽潺湲。

### 同李澍亭太守望華山

華嶽欲擎天，峰高近日邊。分形渾似掌，直指不能拳。雪壓采芝路，雲封種玉田。登臨原有屐，同上碧山巔。

## 明月詞

明月逐遊人，終歲圓時少。月圓人未歸，況復音書杳。

## 宜城竹枝詞

月湧澄潭泛白波，山晴桐梓隱青螺。龍眠風景輝江左，春水桃花湧木鵝。

夜月舒臺映碧霄，天風拂去桂香飄。美人環珮歸何處，妝井依然屬二喬。

漱玉詩崖近碧泉，經年丹竈寂寒烟。多情惟有吴塘柳，青眼沿江盼客船。

## 讀　史　三十首之一

四姓衣冠蔓草青，高觀猶在佛無靈。誰憐一萬三千寺，飛盡寒鴉點暮螢。

## 姚甡三首

**姚甡** 字子瞻，號封五，乾、嘉間監生，有豫遊草。

### 送趙渭川郎中回粤東

高會其如送別何，爲君牽袂發驪歌。荔枝漸熟紅垂路，蘆笋初齊緑漾波。江外點愁鸂鶒小，嶺邊啼夢鷓鴣多。五羊城上閒登眺，遥指高臺問趙佗。

### 送王夢樓先生之武昌

帶雪南歸自柳州，東風初轉又西遊。揚帆直接楚天外，作賦重登江上樓。蘆笋青時停畫槳，杏花紅處下漁鉤。知君從未嗟行路，但恐飄零易白頭。

## 懷錢牧民客蜀

短衣遊子别慈顔，長鋏依人指劒關。聞説峨嵋高萬仞，應知立馬望嵩山。

# 姚原綬五首

**姚原綬** 字霞紓，號薌房，乾隆間貢生，官寶山縣訓導，贈户部右侍郎。司農元之曰：『家君性恬静，喜吟詩，而不輕作詩，作輒毁其稿。有竊録者，存數篇而已。就養居京師，年六十五卒。』

## 將抵家園有感

南郭行行近，風來頓覺温。青山應識我，黄葉不遮門。壯志有時盡，親知幾輩存。如何雙鬢雪，猶帶海潮痕。

## 口占時將去寶山任

庭前楊柳自依依，飽食誰知苜蓿肥。十八年來清夢穩，笑看蝴蝶一雙飛。

末句點化朱載上句，此坡公之所傾賞者也。

## 解組將歸諸君贈詩盈篋作此誌別

春江一葉去如何？握別無須悵緑波。贏得滿船盡珠玉，青山應羨宦囊多。

## 就養都門九日徐六驤農部光律元比部邀同諸子泛舟二閘

暮年鄉思動秋風，忽到江南舊夢中。疑是人家依水國，不知身在鳳城東。

輕衫無那染緇塵，小話篷窗覺倍親。好把風情語秋水，中流放舸有閒人。

## 姚通意三首

**姚通意**　字彦純，支莘次子，有賴古居詩草。馬樹華曰：『彦純爲禔伊先生次子，爲人端謹，詩亦清雋不群。著有賴古居詩草。』

### 寄淮上故人

淮上秋將至，懷人落葉初。西風千里雁，南國數行書。豪氣應猶昔，雄談豈盡除。君年纔四十，两鬢復何如？

### 發皖口

山水常如此，空江晚渡稀。布帆高十幅，又共鳥争飛。客已加餐飯，無憂減帶圍。龍眠秋欲老，回首淚沾衣。

### 西江舟次

行李何須計大刀，扁舟此去興還豪。山連閩嶠層巒峻，水過湖壖亂石高。三十年來依户牖，一千里外涉波濤。端州尚有天涯客，應念棲棲予季勞。

## 姚　藻五首

**姚　藻**　字夢蓮，號青衫，有琴南詩集。

### 西子詠

浣紗溪頭春日遲，浣紗溪水照蛾眉。蛾眉倒映波光緑，豔名嘖嘖稱西施。一朝身入吴宫裏，夫差漁色慵朝起。忘却人從敵國來，頓看雲散高臺圮。高臺圮後無人修，鷓鴣群飛麀鹿遊。菜香響屧俱陳迹，今古荒涼剩虎丘。

## 采石太白樓

可憐李太白，詩酒一衰翁。懷抱空千古，風流誰與同？高樓臨采石，搔首問蒼穹。户外青山在，知心有謝公。

## 清迴山莊書屋

秋草西園緑，翛然賦索居。健貓閒撲蝶，飛鳥屢窺魚。庭有幽人菊，門稀長者車。晚涼疏雨過，籬落剪園蔬。

## 送嶺南王佩芬之蜀

公子翩翩美少年，長征愛泛米家船。羅浮夢遠迷蝴蝶，劍閣春深怨杜鵑。楊柳緑遮梅嶺月，桃花紅隔錦江烟。他時若飲文君酒，莫惜囊中買笑錢。

### 秋閨怨

銀漢無聲水不流，人間天上總含愁。蟲聲唧唧月初墮，斜倚欄杆看斗牛。

## 姚覲闇十首

**姚覲闇** 字伍祺，號卿門，官兵部武庫司郎中，有卿門詩稿。吴晝溪曰：『卿門入京師宦部曹，與海内人士縱横角勝。歸來集其詩若干首，就予商證，較之時賢已加一等，而於古人亦入其藩而歷其堂矣。』

### 雜　詩

長嘯歸園田，雌伏歷寒暑。力作愧不如，愛結老農侶。種植辨原隰，沾塗課晴雨。有時約比鄰，盤餐具雞黍。稚子抱書歸，一室羅笑語。何必桃花源，淳風見古處。

## 酹月篇同吴蓋山作

月光浸樹樹影空，草間露下鳴秋蟲。當階對月發長嘯，逌然取興誰能同？手招皓月飲我酒，月在杯中杯在手。興酣一舉和月吞，睥睨青蓮亦何有。延陵季子詩中豪，詩成一斗傾香醪。途中青眼那易得，意氣直與丘山高。回憶泛月遊珠海，玉簫金管遥相待。一瞬秋風數十年，酒痕未褪丹顔改。星河耿耿漏遲遲，誰家短篴吹相思。但期月影常如鏡，與爾同浮白玉巵。

## 送　客

空庭風又雨，一夜餞春過。况送故人去，其如離思何？心隨飛鳥遠，愁共落花多。遥想停舟處，濤聲雜櫂歌。

## 夜雨

燈影淡如許，披襟發浩歌。空階一夜雨，秋思幾人多。歲月中年速，關山舊夢過。相期拾瑤草，晞髮老巖阿。

## 寒知閣

自序曰：『在龍眠谷口，左忠毅公讀書處。』

黨部東林重，齊名漢范滂。宵人騰貝錦，國柄擅貂璫。疏抗移宮急，魂歸請室涼。蘇門負俠骨，飛札動高陽。

香光題額在，高閣枕巖阿。董思白顔曰『舊學』。黄卷真無負，丹心永不磨。家聲傳道素，山勢鬱嵯峨。更憶梅花嶺，驚飆落照多。史閣部爲公門下士。

## 晤朱歌堂賦贈

王粲慣登樓，關河憶舊遊。風寒梁苑雪，日落海門秋。詞客多青眼，勞人易白頭。鋒棱具奇骨，開路待驊騮。

## 題馬雨耕先生詩集

先生富經術，不僅是詩人。餘事寫懷抱，長吟良苦辛。江關遊歷倦，談笑性情真。撫几百回讀，能湔十斛塵。

## 寄懷楊少晦先生

一官歸去早，靈谷掩柴荆。想見青燈下，蕭然白髮生。壯懷仍磊落，老筆更縱横。千里相思處，雲山繫遠情。

## 招左丈南池張柘岑表叔朱歌堂孝廉西齋小飲

昨宵絲雨引東風，蠟屐衝泥老輩同。總角交遊雙鬢白，素心談笑一燈紅。草堂憶舊詩誰寄？歌堂新移居城西。春菜堆盤酒乍中。僂指鶯花憐節序，挂帆遥指浙西東。

# 姚鑾坡五首

**姚鑾坡** 字子晉，號松垄，嘉慶間監生，有湘筠樓詩稿。

## 風　聲 秋聲十二首之一

玉關秋老起霜笳，琴瑟金風透絳紗。虎嘯長林悲木葉，鳶鳴古道走塵沙。亂雲湧處飄難定，殘月無人影自斜。蕭飄奔騰來萬馬，半天寒色冷棲鴉。

## 黄州阻風

四圍山色鬱蒼蒼，才過蘄春望武昌。楚水無心沉屈子，東風有意屬周郎。三秋烟樹歸圖畫，一幅蒲帆趁夕陽。客子空懷宋慤志，長天極目路茫茫。

## 獨酌

垂下却寒簾，蒲桃酒初熟。風打紙窗鳴，梅花香滿屋。

## 對月

儂若作明月，三五盈不缺。只照人團欒，不照人離別。

## 七夕戲作 八首之一

凝妝底事費沉吟，昨夜單棲擁繡衾。待曉倚樓無个事，且看卍字結同心。

# 卷八

方聞 蘇惇元
方宗誠 馬起益 同校

## 陳務本一首

**陳務本** 字立卿，永樂間歲貢士，官武昌同知。江南通志：『務本之先世，宋端平間官安慶郡丞，家於桐之官山，五世至務本，爲武昌郡丞。』

### 重修黄鶴樓成詩以落之

武昌之魚可不食，黄鶴之樓不可不葺。古人制造各有因，豈止游觀事雕飾？子安乘雲蹟渺茫，費褘升霄難臆測。雀影〔一〕題詩在上頭，李白有景道不得。我亦勿問神仙之有無，題詩〔二〕之甲乙。但見漢陽萬户〔三〕列當前，傑閣晴川雄岸北。蛇山到此勢昂然，首戴層樓與之頡。敧鼓敧陧𢒿久弗振，南紀何由表軒特。况乎焦度樓築因巖疆，景宗堡建曲水旁。左右相望皆壁壘，兹樓屹立〔四〕甯虚張。自脱青衫雜傭作，譏吾好事吾諾諾〔五〕。搏土揮斤出俸錢〔六〕，半年工〔七〕盡三年橐。回憶吾祖丞皖時，捐貲首固〔八〕沿江障。老卧桐鄉飯不足，一枕清風良可師。

潘蜀藻曰：『公先本鄱陽人，自茅塘公甯官安慶同知，因家桐之官山。公，茅塘公五世孫也。故結末數語云然。』

校記：〔一〕『雀影』，龍眠風雅作『崔顥』。〔二〕『題詩』，龍眠風雅作『詩句』。〔三〕『户』，龍眠風雅作『雉』。〔四〕『屹立』，龍眠風雅作『栱檻』。〔五〕『諾諾』，龍眠風雅作『曰諾』。〔六〕『摶』當作『摶』；『出』作『仰』。〔七〕『工』，龍眠風雅作『垂』。〔八〕『固』，龍眠風雅作『造』。

## 陳拱璧一首

**陳拱璧**　字璣先，崇禎初諸生。

### 過白蕩湖至小官山謁祖墓

端平際末造，宋室久阽危。西山與鶴山，講學相扶〔一〕持。我祖生茅塘，當軸歸師資。累徽弗一就，心與泉石期。伯顏下彭蠡，姚許先致詞。務期得我祖，不爾〔二〕毋旋師。焚山禍桑梓，不〔三〕惜志節虧。所以一麾出，早卧荒江湄。里人呼官山，清白仰令儀。孰知我祖意，服官非所怡。後嗣守耕讀，慎勿慕華滋。

校記：〔一〕『扶』，龍眠風雅作『支』。〔二〕『爾』龍眠風雅作『得』。〔三〕『不』，龍眠風雅作『忍』。

## 陳垣一首

**陳垣** 字子垣，崇禎初諸生。有槐龍堂稿。

### 郞陽清明

秦山自北盡，楚水向東流。芳草侵荒岸，疏楊緑古丘。村人競墓祭，客子阻行舟。两度清明節，家園未一遊。

## 陳昉三首

**陳昉** 字朗生，國初布衣，有石舫詩草。錢田間集陳朗生傳：『朗生樅陽人，家世業儒，少試不得志，博覽，飲酒自適。於詩好李昌谷、徐文長。其爲詩多自撰造，不入常格。嘗鑿石壁爲室，曰「石舫」。内供奉魯仲連、李太白、阮次山、黄山谷、王陽明五先生像。寇亂遇賊，被十餘創，砍未殊，後有二賊識之曰：「陳先生也。」爲傅合創口，扶至鄰里家醫治，復甦，遂重活四十年乃卒。』

## 周雪樵過石舫得老友仲斗消息

柯亭島峙築雲居，扉席慚容長者車。天禄青囊空校讀，圯橋黄石不傳書。泉香花暖春巖裏，蝶夢琴清午枕初。驚得故人天外信，蕙風飄渺入襟裾。

## 秋水

雪散蘆汀鷗鷺平，過鴻送影落秋聲。錦江濯句浮〔一〕紅葉，明月留情漾〔二〕白萍。一色長天歌〔三〕櫂遠，半帆斜日縠紋輕〔四〕。芙蓉露下催妝鏡，宛在亭亭弄玉笙。

校記：〔一〕『浮』，龍眠風雅作『吹』。〔二〕『漾』，龍眠風雅作『蕩』。〔三〕『歌』，龍眠風雅作『霞』。〔四〕此句龍眠風雅作『生風纖手織紋輕』。

石舫春

雲巖花萼覆幽篁，俯吸江流剖石藏。峭壁獨深苔蘚緑，年年春雨瀑泉香。

## 陳伯英一首

**陳伯英** 字千之，順治甲午副榜。潘蜀藻曰：『千之年十二補弟子員，里黨稱爲神童。爲人豪宕不羈，年七十，步姚休那自壽詩七排一百二十韻，黄岡杜于皇謂其「二酉在胸，一貧到骨，詩則雲錦立成，天衣無縫。」其奬許如此。』

吴素天〔一〕楚游寄贈

湖海年年賦遠游，逢迎到處足風流。斗間自昔推雙劍，江上無緣共一舟。司馬〔二〕文章因涉歷，陸生裝橐好歸休。故人飢餓〔三〕空山裏，積雪何曾有敝裘？

**校記：**〔一〕『天』，龍眠風雅作『夫』。〔二〕『司馬』，龍眠風雅作『太史』。〔三〕『餓』，龍眠風雅作『卧』。

# 陳焯十九首

**陳焯** 字默公，號越樓，朝棟子，順治壬辰進士，授兵部主事，有滌岑集。郡志：『七歲能詩文，年二十游吴越，作寶帶橋看月歌，吴人王子稼譜入管絃。』以拔貢生授中書舍人，成進士後，遂歸養，親殁，廬墓三年。湯文正斌嘗躬詣墓所謁焉。所著有宋元詩會、古今賦會。』王士禛香祖筆記：『甲子冬，奉使次桐城，大雪中陳默公過予客館，出其所輯宋元詩會請爲決擇，已過其滌岑。遠眺龍眠諸山，縱觀是書，賓主談諧，竟日忘倦。默公二甲臚傳，以耳聾不仕。』四庫書目提要：『陳焯宋元詩會一百卷，吴之振、顧嗣立之書皆取其有專集者，此則掇拾殘剩，搜求於散佚之餘，雖流傳墨蹟手書，皆一一搜采，所録凡九百餘家，足與二書相輔。』施愚山集答陳滌岑書：『先生文章弁冕當世，顧壯年引疾，不然天禄之藜，坐擁君山之卷，昔于役長于獲窺帳中鴻寶，洋洋大篇，岳峙川流矣。』

## 重陽同舍弟朴公泛月松湖和淵明九日閒居韻

旅月逢再魄，江雲蔽初生。平湖霽今夕，數辰眷嘉名。思萸來草香，懷高眺山明。寒潮助歸勢，櫂歌時一聲。重九六六過，及兹猶壯齡。聞道未云得，此心何所傾？瀼露自爲白，秋林漸辭榮。願戢冥冥翼，謝子鴻雁情。歸當招近屬，斗酒樂西成。

## 寶帶橋看月歌

嫦娥自愛西施美，一輪不足透羅綺。照得西施上吴山，化爲數影沉湖水。美人一去五湖濱，此月清清留照人。三百六旬今夜異，聯珠九曜出紅津。津上虹橋跨千載，橋下金波競光彩。吴人歲歲恨秋風，此夕吹雲成靉靆。應是天憐楚客心，西沉赤日開重陰。犀梘蘭橈雜溪曲，黿黄火鳳明空林。冰綃霧縠誰家子，紈扇摇摇飾容止。畫船載得龍頭鐺，簫度那呵雙屈指。隔舟影動梨花妝，青綾帳裏燭無光。齲齒折腰看不見，都梁艾芮微聞香。此地月浮如激電，此時看水水成練。獨有人歌游子移，淒清淚濕巴姬面。巴姬撥楧勸銀觴，作使山陰播掿郎。道是東南金谷聚，各持磔椀唱横塘。唱横塘，聲委咽，燈前遮綰流蘇結。且回鶬首望閶門，十里長堤歌再闋。吴兒好曲不好詩，有詞莫負子中篪，年年玩月當吹之。

## 朱司理枉過述懷

憶昔十五走吳越，擁書耽玩西湖月。鑑閣居人聞與嚴，文章好我忘薄劣。子岸千秋來雉壇，爲道使君最超忽。是時君名噪南闈，綵毫光逐秋雲飛。韓情歐思各蘊藉，篇篇把拾成珠璣。廿年夢失高張路，蓬萊水淺波生樹。乾坤雖在人物非，吾黨那能不思故？使君褰帷治我疆，餐冰奚用冰題堂。閒看天柱即天竺，署中往往飄天香。巷南巷北尋陳子，徑蕪久不迎冠履。入門娓娓平生歡，輿臺隸卒驚相視。吾年三十成龍鍾，自甘永種泉明松。洪口新藏數椽屋，再來請策看山笻，山陲雨足肥秋菘。

## 同惠朗轅文送于皇還白門得安字

樊川今小杜，雅欲踞騷壇。不侈千夫俊，惟求一字安。吳吟宗綺麗，楚調競高寒。君去從誰語？非嗟行路難。

## 拜瑗公吏部墓

小崑山下路，十里盡榛蕪。荒冢樵人指，陰厓木客呼。臨喪惟大鳥，殉難有童烏。誰是招魂者，空悲歲月徂。

## 唔楊維斗延樞

尺蹏懷袖感殷勤，纔泊皋橋便詣君。上苑首傳司馬賦，名場争竊令狐文。十年待詔仍脂轄，一卷同書且策勳。維斗手選制藝，爲世所宗。近日奎光偏照野，只因吾道在河汾。

應社壇開獨主盟，復社未興，先有應社十子。中吴志節仗諸生。孤臣冤獄臨岐送，魏當繑逮周忠介，公毅然走送。義士高墳解橐成。五人之墓。實録已聞標姓字，空言端可愧簪纓。同時十子今餘幾？尚有張衡賦兩京。謂張受先采。

胡其章給諫周鼐招飲張氏園亭感念天如溥賦此

拾遺歸隱賦幽通，僦屋延賓水檻東。往事浮沉青瑣月，閒情蕩漾白蘋風。園林只道游何氏，池館甯堪吊宋公。著就西銘無覓處，殘荷衰柳暮烟中。

訪吴駿公太史偉業留飲看桂其所居即弇州西園

數畝連蜷手植成，弇園長物此留榮。八公詞賦曾招隱，七子壺觴憶主盟。樹賴吴剛新斧鑿，莊仍王缙舊柴荆。可知瀟灑平泉興，不敵陵波殿後情。時將北上。

同韓文過子建花園　子建名存標，韓文其弟也。

客散秋窗雨作聲，對牀重得話平生。明河賦久推之問，春景詞還讓子京。石室史編終待輯，首陽池館竟先成。羇人愛就君家宿，髹几牙籤萬卷横。

## 柬卧子越州

藉甚江東又浙東，頎然長德領群公。早知名字齊諸葛，直許篇章接射洪。家在苴城秋色裏，人吟蘭渚水聲中。蒓鱸挽住山陰櫂，相訪須乘雪後風。

青絲攬轡若耶西，禊帖娥碑任品題。佐郡早懸雙法曜，看山時遣六詩迷。部民得判誇龍爪，臺使停參待馬蹄。直指行部，每啟銜必以陳司李到門爲候。近道綸巾能料賊，壯心驚起夜聞雞。時金華土賊起，君以計擒之。

## 泛三泖寄里中錢幼光劉臣向時同客湖上

白紵城頭霜作花，西泠橋畔酒旗斜。生涯共指監河粟，汗漫虚疑博望槎。一劍江山魂是客，三秋吴越夢爲家。錢劉唱和知多少，只恐新添兩鬢華。

春山遣興　十六詠之二

小聚農桑緑被原，芚然風味近羲軒。臨歧鵝鴨能分陣，向晚兒童各候門。花竹互資新汲綆，茅茨連接舊烟痕。有時饁餉迷前路，曉霧横遮數畝昏。原上村。

谷幽灘轉步紆回，淺淺平莎漠漠苔。詩老築堂熊軾過，名僧送客虎聲來。村酤阻漲褰裳就，花岸行春仗影陪。燈火夜歸鳩杖穩，沙虚月白定無猜。溪上路。

授中書後乞與本年鄉試再上政府諸公

敢薄西清供奉郎，生平結習在文章。無緣得與天人對，何職堪宜政事堂？蓆帽青衫甘濩落，黄麻紫誥讓賢良。上公有意憐羇旅，仍放寒儒入選場。

送黄虞在還金陵

五松春水試舠餘，來訪山城揚子居。家有耘堂羅載籍，人從麯部號尚書。延賓白社衣常典，濟世青囊術未疏。霜雪盈頭休歎蚤，縱留鴉鬢欲何如？

葉長興道湖守吴園次甚念老夫因致一律

雨餘苕霅響淙淙，有客鳴橈過此邦。治蹟吴公今第一，詩名水部舊無雙。尚疑藜火親東閣，應愛湖光啟北窗。爲值勸農思見面，烏程春酒定盈缸。

過王雉升感舊 雉升年二十登第，任州牧，一歲罷官。

起草明光最妙年，相逢兩鬢竟蒼然。浮榮州牧輕過眼，勝事宮袍屢汎船。家法無功三斗醖，生涯少伯五湖烟。清游自足漁樵費，翻笑香山仰俸錢。

# 陳　度十二首

**陳　度**　字官儀，號曉青，朗子，國初處士，有官儀詩鈔。方中履序詩鈔曰：『石舫居於市烟之間，甘陋巷菜羹而泊然於榮利。一室位置書籤、茶竈、几席、丹鉛而已。其爲人蕭疏静退，無俗情，無俗務。工於詩，兼工書畫，爲識者所嘆。凡夫賢而有文者，過其地未有不泊舟停屐，訪求石舫者也。』錢田間集陳官儀詩説：『古人有十年始成一句，或畢生僅得一二句稱絶唱者，其工只在一字之間。此一字無他奇，恰好而已。然此一字者，非讀書窮理則不可得。蓋理不徹則諳，不能入情；學不富，則詞不能洽意。故一字恰到好處之爲難也。』方正玢序詩鈔曰：『官儀詩辭清絶，兼善書畫。顧素多病，然交遊中，以筆墨請者，未嘗以疾辭。家故貧，有餽遺者，非其人不受。糧絶作畫以給朝夕。其梅花詩有曰：「一生不改清寒操，幾個能知鐵石心？」蓋自況也。』

## 和玟士山居

山居深復深，人跡少能尋。黄鳥自啼路，白雲常出林。酒香花誤墮，徑碧樹交陰。已識詩脾健，愁君太苦吟。

三、四極山居幽致。

## 九日大葯園作

節驚重九至，蕭寂過陶家。秋筍不成竹，枯藤猶綴瓜。天晴魚罷市，雨少菊遲花。獨眺空齋晚，風高冷露華。

題便足樓句：『窗明湖出樹，人静鹿過門。』山居句：『一鷺下田立，半牛浮水眠。』

## 亭上作畫懷楊石湖

可奈懷人落絮天，尋詩多在小亭前。風清隔岸鶯調舌，雨霽陰崖蕨長拳。平野減青新薙草，遠村生白晚炊烟。酒杯安得同君把，趁我今朝賣畫錢。

## 送吴雨樓游金陵是日姚綏章張懋瓊亦歸龍眠

春江雪霽水增波，風促征帆出大河。一日那堪三握别，百年能得幾悲歌。孝陵樹禿鵑聲少，舊苑苔荒夕照多。分手同人相背發，獨留斜盼倚巖阿。

## 楚黄李仲章招飲待月值雨

楚江詞客近相知，旅館邀持待月卮。花影漸消成暝色，蟲聲不斷送秋思。黄昏病肺偏宜雨，紅燭清談半代詩。爛醉小伶猶勸酒，一枝横玉倚欄吹。

## 病　中

故人疏盡淡如僧，擬作春遊竟未曾。寒到杏花開後減，病後燕子乳前增。就檐滌硯乘朝雨，讓月歸窗滅夜燈。惟有清閒差自問，不堪疲骨日崚嶒。

# 楓麓送米

秋陰漠漠午炊遲，愁聽孫雛索飯時。老友減餐分玉粒，貧家如夢管珠池。淅來斗發高歌興，飽後空嗟閉户飢。莫道修齡不慚愧，近年仁祖費支持。

贈張學士句：『看山路僻衝雲過，出郭人歸待月多。』飲玟士句：『酒可合歡還惜别，書能醫俗不驅貧。』寄梅齋：『數月自栽花當歷，感時又聽鳥催耕。』

# 閒園看桂

閒園金粟九秋霏，曳杖携壺竭未歸。香染襟裾吹不散，一雙寒蝶繞人飛。

# 題畫春方恕齋

萬仞芙蓉翠插天，樹生雲氣水生烟。此中甲子無心紀，開到桃花是一年。

同虞律曉渡秋浦

渺渺清波漠漠烟，尋山人卧剪江船。酒醒知是江南岸，斷續雞聲落月天。

望友人不至

溪上梅花樹樹開，正逢雪霽暖初回。玉山四照瓊林路，不見君從畫里來。

寄友人

朝酣不奈葡萄酒，春服初宜杏子紗。記得去年逢穀雨，藤花香裏試新茶。

## 陳　式五首

**陳　式**　字質生，又字二如，康熙初貢生，有問齋集。潘蜀藻曰：『二如僑寓白門，與里人何道岑應珏、胡峙峰如甡、方樓岡孝標〔一〕、姚屺懷文烈、姚丹楓文勳、方邵村亨咸、姚龍懷文然、吴南蒼日永、張蔚庵秉哲、姚盤青文焱諸人，爲潛園十五子之會，文采風流，照映江左。生平酷嗜杜詩，著有杜意。』方畬山贈陳二如詩：『岑城雖寂寞，風雅屬吾曹。近體潘江麗，長歌陳式豪。雙騫鴻鵠羽，五色鳳凰毛。憔悴林中鶴，清音亦九臯。』張文端集問齋杜意序：『陳子天才奇邁，學有本原，少卓犖於名場，老退隱於丘壑，孤潔伉直，磊落狷介，不諧於俗，而醇厚真摯，復有過人之性。平素不輕發言，酒酣耳熱之後，論杜詩則掀髯高吟，目光如電，退而書之於紙，則千百言如泉涌風發，不可抑遏。』方畿問齋杜意序：『陳子曰：「詩人之筆意嘗在於變動不拘、空虛無用之處，求之弗得也。其旁見側出，高山大川，想像而得之。以我之意上求乎杜老之意，神而明之，鬼神其通之」。』

**校記**：〔一〕『孝標』二字底本缺，據龍眠風雅『補』。

## 春日偶成　感舊集選

時日淩人志，春風轉夙愁。問花何代謝，聽水自安流。鄰圃蔬堪剪，前溪釣未投。强尋芳草緑，生意滿汀洲。

## 感懷

桓桓鐵騎趨秦塞，黯黯飛塵接戍樓。上將自稱都校尉，三軍坐擁大長秋。凶荒已告芻糧竭，郡邑那堪供億愁？最是逃亡歸未得，深山夜哭遍鵂鶹〔一〕。

明季閹人監軍，擁兵自衛，見賊先走，以至於亡。四語括盡。

校記：〔一〕『遍鵂鶹』，龍眠風雅作『不曾休』。

## 紀變 三十韻

異變逢今日，傷心肯戴天。乍聞難遽信，閱實不虛傳。太祖營豐鎬，文皇宅澗瀍。論功超百代，卜曆合千年。奕葉承基固，神孫毓德綿。亂常彌蠢爾，威直勒燕然。當佇〔一〕稱英武，宏圖〔二〕付仔肩。一朝燻鼠窟〔三〕，百辟仰龍卷。君相甯言命，遭逢會有愆。太平成積漸，多難適屯邅〔四〕。同裂黃巾起，仍〔五〕將赤子憐。四方罹慘毒，百計止戈鋋。只謂氛終息，甯知禍莫竣〔六〕。金甌防隕〔七〕碎，玉座竟顛連。西北邊爲守，東南急可遷。死生依社稷，勸沮盡拘牽。雲出蒼梧遠，花開素奈偏。天心宜未厭，重耳倘能全。深恨難哀訴〔八〕，遺言尚血鮮。攀髯須及早，俯首必難前。義本關存歿，名思重〔九〕簡編。聖躬〔十〕遭此禍，後世莫輕沿。念自初膺録，頻年俱〔十一〕撤懸？蠲徵〔十二〕無旱澇，賞賜任〔十三〕金錢。屢出師頻挫，推誠任更專。要津徒議論，門户費周旋。人事宜分咎，天誅肯再延。璽詹須有屬，鞭著定誰先？分到諸生賤，仇看率土堅。杜鵑聲里月，悽絶未曾眠。

顧亭林嘗謂國君死社稷，此自指諸侯有封土者言。若天子以四海爲家，出居於鄭，帝在房州，不分南北也。明臣之阻南遷者見不及此。詩中『死生』二句乃已勘破要津，聯括盡明神、熹以後末局。問齋以諸生而痛切國步，沉郁悲涼，氣格蒼健，真能得杜陵之意者，當與俞德鄰之佩韋、謝皋羽之晞髮兩集並傳。又按：惜抱先生論詩云：『長律惟義山，猶欲學杜，然但摹其句格，不得其一氣噴薄頓挫，精神縱横變化處，若問齋此篇學杜，非但摹杜句格矣。』

**校記：**〔一〕『當佇』，龍眠風雅作『今上』。〔二〕『宏圖』，龍眠風雅作『前王』。〔三〕『燻』，龍眠風雅作『消』；『窟』作『祟』。〔四〕『適屯邅』，龍眠風雅作『每相纏』。〔五〕『仍』，龍眠風雅作『猶』。〔六〕『甯知』句龍眠風雅作『那知災不竣』。〔七〕『隕』，龍眠風雅作『破』。〔八〕『難哀』，龍眠風雅作『宜靈』。〔九〕『思重』，龍眠風雅作『寧愛』。〔十〕『躬』，龍眠風雅作『人』。〔十一〕『頻年俱』，龍眠風雅作『何時不』。〔十二〕『徵』，龍眠風雅作『原』。〔十三〕『賜仕』，龍眠風雅作『豈惜』。

## 代姬冰浮答東陽趙春卿用原韻

不定憑樓望，山圍四面蒼。伴空思越女，老欲就徐孃。門掩閒花落，春深鬪草芳。愁心拋蟻緑，鬆鬢稱鵶黃。慮及爲商婦，虛〔一〕聞是教坊。妾真同冶葉，客故索明璫。聲和秦箏細，歌添子夜長。輕烟霏几〔二〕席，異味疊瓊漿。剩有人如夢，虛傳壻是郎。暮天一倚竹，芳訊罷焚香。影隻敘〔三〕宜燕，琴〔四〕孤曲有凰。舞衣何日換，鸞鏡爲誰芒〔五〕？月定知愁劇〔六〕，風能度遠將〔七〕。銀河迢遞路，離會两茫茫。

柔情如水，麗句霏雲。朱、祁、楊、劉諸人學義山者，未之能過。

**校記**：〔一〕『虛』，龍眠風雅作『羞』。〔二〕『霏几』，龍眠風雅作『籠綺』。〔三〕『敘』，龍眠風雅作『釵』，是。〔四〕『琴』，龍眠風雅作『衾』。〔五〕『芒』，龍眠風雅作『荒』。〔六〕『愁劇』，龍眠風雅作『予意』。〔七〕『度遠將』，龍眠風雅作『置汝旁』。

## 子夜讀曲

歡是弄船兒，那慣船頭坐？水深風浪高，看歡不得過。

## 陳鼐一首

陳鼐 字子和，康熙間諸生。潘蜀藻曰：『城西二十五里有漢大司農朱公墓，烝嘗之田没於豪右，子和倡同志，白於邑令，爲之經正。』

### 句曲道中

黛色從深淺，平輿一望收。入村槐柳暗，隔岸芰荷浮。農務沿塍急，茶緣宿〔一〕衲留。晚風欺落日，五月似深秋。

校記：〔一〕『宿』，龍眠風雅作『仗』。

## 陳嘉懿一首

陳嘉懿 字乂茶，康熙間諸生。

游金山寺

梵宫屹立鎮中流，勝地名山孰與侔？樹色葱蘢春色滿，烟光净盡水光幽〔一〕。鐘聲帶浪魚龍吼，塔影懸江日月浮。疑是蓬萊居海嶼，飛仙偶共一時遊。

校記：〔一〕『幽』，龍眠風雅作『悠』。

## 陳　高一首

陳　高　字琬次，號蓉青，朗子，康熙間諸生，有蓉青詩草。

石舫次姚别峰韻

古壁藤蘿滿，如屏障小軒。雲閒遲蝶夢，樹老蝕苔痕。窗岫青浮几，江帆影到門。與君隨意坐，待月一開樽。

## 陳文鑑一首

陳文鑑 字鹿書，早卒。

### 示六弟 時弟以青浦署中近義寄示。

家世〔一〕相期大小山，豹姿今見管中班。人棲峰泖清幽地，文在機雲伯仲間。留硯定符詒厥〔二〕意，愈風先解友其顏〔三〕。還〔四〕須更問池塘草，綵筆〔五〕青葱逐夢還。

校記：〔一〕「家世」，龍眠風雅作「趾美」。〔二〕「詒厥」，龍眠風雅作「五祖」。〔三〕「愈風」两字底本缺，據龍眠風雅補；「友其」作「阿兄」。〔四〕「還」，龍眠風雅作「不」。〔五〕「綵筆」，龍眠風雅作「筆底」。

## 陳徽鑑一首

陳徽鑑 字彦兼，早卒。

## 靜觀堂水仙

淩波衫子白兼黄，得近潭潭列柏堂。棐几月來窺冷艷，湘簾風捲逗微香。伯牙操裏清新調，姑射山頭黯淡〔一〕妝。不遇府庭勤睞眄〔二〕，鼎盤誰與發幽光？

**校記**：〔一〕『黯淡』，龍眠風雅作『婥約』。〔二〕『庭』，龍眠風雅作『君』；『睞眄』作『眄睞』。

# 陳啟佑一首

**陳啟佑** 字倫表，號立山，乾隆辛酉舉人，官四川定遠知縣。有緑香軒詩草。馬一齋翊翊齋文鈔：『倫表敦善行，勵名節，庶幾今世振拔之士。』

## 穿心砣

險道日頻涉，如兹險更稀。舟争亂石渡，魂挾怒濤飛。風水驚難定，烝徒力盡微。計程三十里，西嶺已斜暉。

三、四奇確。

## 陳增美一首

**陳增美**　字質夫，號筠庵，國子監生，有華岳集。

### 再經華陰

再作秦中客，三峰鎮日看。蓮花青不斷，相送過□韓。峽石黄河激，關門紫氣蟠。瓊樓何處是？雪裏萬松寒。

## 陳長齡二首

**陳長齡**　字正甫，諸生，有蘭畦詩稿。王悔生曰：『正甫詩集多佳句，五言如「屐邊紅雨亂，衣上緑雲多。」「離情如落葉，亂逐曉風飛。」「寒烟不出户，山鳥自歸林。」七言如：「杏塢鶯啼沽酒店，柳橋燕逐賣花人。」「短柳未飛三月絮，野棠爲放一村花。」「一夜笙歌浮小艇，九天星月落平湖。」「文有萬言差足富，家無四壁不知貧。」皆屬對天然，清致歷落。』

登大觀亭

亭上闌干曲曲紅，登臨人在百花中。當窗黛色諸峰出，繞郭江流九派通。潮落漁燈分雁汊，月明鼉鼓動蛟宫。酒闌忽聽高樓笛，呼吸如乘萬里風。

三、四寫景如畫。

別情

關塞迢迢君遠離，不知何日是歸期？愁心正似風前柳，摇曳千絲與萬絲。

## 陳崇中一首

**陳崇中** 字二森，號石卧，諸生。

## 贈友人

從來佳士説南洲，磊落如君壓輩流。賣賦十年供買宅，種花三徑喜逢秋。竹窗梧閣聞僧梵，箬笠漁竿上釣舟。更有依依門外柳，泉明風景至今留。

# 陳家勉七首

**陳家勉** 字滏凫，號策心，乾隆間諸生，有策心詩草。王悔生集陳家勉傳：『策心子幼隨父讀書浦陽學齋，多聞强識，尤工於詩。嘗以詩質於鄉先生劉海峰，海峰驚喜，乃遍誦其警句於朋遊間。策心詩高者在唐常、韋間，次亦不失爲孟、賈，能卓然自成立。』

## 偶　述

人生如短夢，夢破竟何許？當其未醒時，亦自分其苦。行年四十初，空羡蝶栩栩。

## 晚過大葯園懷從高祖曉青先生

我家大葯園旁墅，中有十六逍遥處。百年渺矣灌園翁，鄭虔三絶誰承緒？晚過荒園悵何許，亭外秋風更秋雨。獨立蒼茫悄莫言，斷藤枯木穿山鼠。

## 陶公祠看梅

梅花本孤絶，山徑久相思。古廟半扉迴，春風幾日吹。無人對濁酒，有客詠清詩。曳履坐幽獨，與君風味宜。

## 登雞鳴山望後湖

城裹青山城外湖，登山湖水見城隅。山雞角角鳴高樹，水鶴翩翩下緑蒲。艇傍荻洲斜日淡，波環漁屋暮烟孤。搔頭却向山僧問，采到秋菱可繪圖。

## 山齋

喧市魚鹽樅水濱，山齋獨淡薜蘿身。笑談入夢憐新鬼，風雨銷魂憶故人。伏案書於何日飽，探囊詩較去年貧。無聊一吸浮蛆甕，秋夜狂歌醉裏春。

## 秋夕見雁感興

一行雁影掠澄潭，嘹唳聲聲秋意酣。羡爾弟兄無恙在，蘆花烟月到江南。

## 夜雨柬程二寄南

桐山佳士愛相過，可奈連宵悵望何。半捲蘆簾蕉樣緑，懷人燈下雨聲多。

## 陳裕燕一首

陳裕燕　字綏和，號寄生。

### 夜　泊

夾岸陰巖暗薜蘿，鷓鴣拍拍拂船過。殷勤喚客且須住，十八灘前風浪多。

## 陳　琦八首

陳　琦　字豫園，乾隆末歲貢生，官霍邱訓導，有卷石山房詩鈔。

### 雜　詩　四首之一

鏌鋣使刈草，不如鉤鐮良。驊騮使轉磨，不如蹇驢强。丈夫志四海，名不出一鄉。窮則甘蠖屈，達則快龍翔。

## 雨中登烟雨樓

彪湖之水清見底，烟雨樓高枕湖水。鱗鱗萬瓦屋參差，白雲隔斷喧囂里。我來攬勝駐扁舟，淡烟疏雨坐高樓。斜陽一抹芳洲外，蘆荻蕭蕭雁陣秋。

## 送了凡上人

長空一錫飛，老衲返禪扉。蕙草迎雙屐，松花落滿衣。行隨樵子伴，坐並釣人磯。悵望白雲裏，群峰鎖翠微。

## 抵重慶

鶯花迎短棹，迢遞達渝州。地匯三江壯，峰攢萬壑幽。人烟巴子國，風俗竹枝謳。明月他鄉夜，高城畫角愁。

## 過敘州

小艇纔停櫂，憑高眼界賒。風烟連六詔，山水控三巴。雲繞藏經寺，林深賣酒家。鎖江亭畔路，城闕奏清笳。

## 對　鏡

辭家萬里遠遊遨，山水情深興自豪。帆影東淩滄海闊，馬蹄西上蜀峰高。何人爲結王生韈，對客慚披范叔袍。回首當年成底事，鏡中愁看雪霜毛。

## 同王花圃齋静生葉惠中姚嘉樂看花集飲

五人驚看鬢多霜，座對蘭言有異香。開甕何妨十日飲，看花贏得一春忙。雖知極樂原無國，始信銷愁别有鄉。爲喜久交同里黨，他年應話舊情長。

法源寺見翠翹花

紅樓碧砌梵王家，侵曉簾櫳受日斜。分得蔚藍天幾尺，回廊開遍翠翹花。

## 陳　熾二首

陳　熾　字耕溪，乾隆末貢生。

山莊避暑　六首之二

山窗無六月，羽扇不須摇。倚檻舒長嘯，花間蝶正飄。雨過山樓净，凉生竹影斜。呼童濡短墨，隨意評南華。

## 陳　恩十二首

陳　恩　字映山，號錫臣，嘉慶間歲貢生，有東皋詩存。錢霖序詩存曰：『東皋居身，正衣冠，尊瞻視。其修業也，多識前言往行，以六經爲典要。其與人也，油油與俗偕，而樂易伉直。故其爲詩，莊而不佻，貞而不淫，含咀英華而卓然大雅。觀其詩，可以想見其爲人。』

## 感賦

何人鑿混沌，憂患塞蒼冥。貪夫殉榮禄，烈士趨顯名。夢中恒役役，矧乃雞既鳴。太行聳夷坦，溟渤蕩郊坰。富貴一朝盡，垢面逐飢傖。甚此嬰重戮，首縱而吭横。我欲窒靈府，與世返其真。芟截智與慮，與物邈無争。不見南山石，終古守硜硜。

## 贈吴天裳

濟陰吴季重，磊砢獨英多。字結賓鴻戲，書刊帝虎訛。淵淵金擲地，濯濯玉交柯。會擬摶〔一〕羊角，仙群詠大羅。

校記：〔一〕『摶』疑爲『搏』。

## 喜雨

旱極逢甘澍，真同知己來。郁蒸三徑退，懷抱一時開。龍骨懸梁梠，豚蹄薦草萊。翻思雲未作，惆悵幾登臺。

## 九日雨過同胡竹農童東生登青山絶頂

誰知海立雲垂後，挈伴猶堪問上方。世路崎嶇此絶巘，人生歡會幾重陽。香分菊蕊陳瑤席，佩取茱萸入絳囊。落日題詩情未極，故山咫尺郁蒼蒼。

## 池陽感賦

男兒何必帶吴鈎，只斷蛟螭不斷愁。常恨有身坐磨蝎，那堪服軛作犁牛。天荆地棘雙衰鬢，雪虐風饕一敝裘。縱使欲歸歸有日，也應春色逝芳洲。

起句翻用昌谷語，通體忼慨健舉，極近放翁。

## 合明道歸過左芹生故居

細雨桃花路窈冥，苦寒無賴酒初醒。馬頭雲湧三公白，鴉背山浮九子青。蕪館荒涼成廢壘，故交零落漸殘星。虎賁貌絶雞壇寂，空憶中郎舊典型。

三公山在桐之東鄉，與九華山隔江相望。

## 旅泊

荻花過雨晚蕭蕭，野宿孤燈只自挑。明月空江人詠史，秋風落木客吹簫。草衰郭索乘潮出，灘轉鰍鰅逐岸跳。漸近故園風味好，嶺雲應擬迓歸橈。

## 月夜喜王蕨墅過訪

羲馭銜山暮靄横，蓬廬心緒向誰傾？少焉月出披帷曉，長者風高倒屣迎。談激九河皆覆水，詩裁五字孰攻城？呼兒薄具盤餐味，碧甕浮蛆喜釀成。

## 白露日作

那得齊卿許執鞭，貧無薦剡守寒氈。乍編口號非吟客，自署頭銜曰睡仙。衢有青雲偏化狗，節經白露尚鳴蟬。撫時□涉俱寥落，不待揮絃已悵然。

附摘句：秋日村居：『霜酣港簇團臍蠏，潮落槎登縮項鯿。』壽丹崖：『時論久分頭腹尾，詩才合擬盛中初。』即事：『金堆北道誰分潤，米乞東方不療飢。』小步：『迎風溪水文無害，過雨春山畫不如。』閒居：『垂釣正憐衣帶水，移居欲傍米堆山。』夏日村居：『巖壑洩雲村乍沒，陂塘過雨水争流。』憫災：『蕩盡枌榆猶有夢，摇殘薇蕨已無歌。』

春日漫興

簾外遠山矗矗，梁間乳燕啞啞。細雨東風天氣，緑楊紅杏人家。

游　仙

玉宇無塵破曉青，團團紫曜出滄溟。昨宵太華峰頭宿，手挽天河洗衆星。
銀河曲曲渺無垠，泛艇曾看博望行。使得一卷渾不識，人間何處覓君平？

## 陳光第五首

**陳光第**　字五琴，號心農，道光間諸生，有竹素園吟草。

## 雜詩

枳棘生道旁，本非梁棟資。梗楠託高崖，成此輪囷奇。一朝遇匠石，回顧幸有期。虬幹或拳曲，未合匠氏規。巨材小眚掩，棄之竟如遺。吁嗟全材難，當以曲成爲。抗懷古傑士，奮跡且囚縲。衡鑑豈茲爽，用人略其疵。西施有纖醜，終勝嫫母姿。

## 訪巢海上人不遇

不知詩衲出，來款舊柴扉。與客且閒坐，白雲猶未歸。林深啼鳥聚，風定落花稀。日暮欲何去，鐘聲隔翠微。

## 太白樓

太白不可作，乾坤獨此樓。開元一片月，終古大江流。傲世詩千首，臨風酒一甌。青山如舊識，勝地喜重遊。

### 寄遠曲

春雨柳絲長，春風百卉香。所思隔千里，此意殊難忘。遺子一瑤瑟，兼之雙玉璫。玉璫示肝膽，瑤瑟彈鳳凰。

### 題烟霞醉我圖

醉翁之意不在酒，乃在深巖曲澗阿。春樹江山紅雨外，天風鸛鶴碧雲多。閒移石笋栽芝草，底用金漿酌叵羅。却羨畫師吴道子，傳神寫出醉顔酡。

## 陳堂謀二十一首

**陳堂謀** 字大匡，號絡翁，焯子，康熙間歲貢生，官東鹿縣丞。有北谿詩集。郡志：『堂謀官束鹿，爲中丞于清囊公識拔，及督河，奏以自隨。其爲詩上宗杜、韓，下規蘇、陸，田司農雯嘗評之曰：「援據宏博，指趣深遠，方之玉局，無多讓焉。」』

## 獨夜

朋聚得歡笑，獨夜悵離群。檐月如接語，嗒焉無所云。娟娟秋蘭花，杳杳吐清芬。冥心忽有觸，銀漢生奇雲。

## 苦熱

炎威迫羈旅，吾計失遲回。頗愛樹幾株，託根傍庭階。低垂葉如炙，欲憩徒徘徊。蟬嘶日愈酷，鳥呼風不來。暍渴思茗飲，怯火寒爐灰。壁上觀畫瀑，置身恍陰崖。設想儼真境，聊可濯煩懷。

## 下灘次方扶南韻

扶舟拖杖來東吴，歷塊踰險濮蠻隅。行吟哀囝話言殊，趦趄囁嚅將焉于。湍激非江非渚湖，蹇難覓桴豈細虞。蝹蜿夭矯頷噴珠，篙師何黠我何迂。鶩呿欲語噤曰毋，一覫千峰失須臾。若自忘若安有吾，指弄蜩竿輕殳瞿。如憩樂郊魯之菟，如騁安車軥無弧。波磷環擦如櫂珠，嘿坐心齋萬慮無。磔格啁啾倏相呼，沙平陙坦其休乎，闖首跳出仙人壺。

## 試茶次扶南韻

蛛絲塵罥老瓦鐺，采雨垂綆乞火烹。甂甌暖注細細傾，愴飲莫辜涼月明。蔬僧揭來説妙理，酪傖未許辨滓清。蘭茝比芬强解事，晻藹沆瀣滋精神。游蝦掠波鬚乍動，新鷹離韝爪仍擎。暍渴滮膺久噤語，一歠欲然舌本鳴。野服持具作常態，大笑此辱同髡黥。

## 潘郎送麥酒

杜康得祀緣作醴，陶家有春秫米。也將麰麥漉清酤，詩詠貽牟良有以。秫米汁釀成絪緼，麰麥氣瀝由熏蒸。汁取醇釀可深酌，氣防辛洌聊淺斟。我生多憂性褊急，縱飲屠蘇時作疾。氣以攻氣麥最宜，用澆壘塊平脅闐。潘郎遣奚手提壺，餽稱家醞匪市沽。會逢濾懫懶答語，一啜霑脣噤音『噤』，與『吟』別。爲呿。此是良醫口傳之妙藥，把琖頻頻疾已却。更采穭麥上瑤琨，釀比中山躋極樂。

末二句一作：『更請陀仙釀青黏，舉杯壽我年年活。』

## 柬趙逸舫

憶坐竹亭下，秋花入夢頻。莫輕連日別，同是暮年人。笑語能忘諷，交情愛懶真。願君離藥餌，酒醆得相親。

## 次韻和磊齋過訪

先子幽棲處，經營屬後人。一丘仍故物，小構敢辭貧。烟雨看來幻，琴書認是真。未能阿世好，早已愧平津。

遠岫晴初緑，當窗晷漸長。怪來終日懶，只爲看山忙。餘事輸年少，閒情縱老狂。溪流添雨後，一詠一飛觴。

## 清江五日和磊齋

晝掩蘆扉坐，忘機雀不羅。偶傾淮市酒，一和楚湘歌。正欲攜鋤去，偏逢騎馬多。滔滔争砥柱，吾拙且蹉跎。

## 夜坐采芝亭

閒行攜隻影，小憩一亭幽。白髮偏宜月，愁懷不耐秋。林疏星個個，峰隱竹修修。窸窣來空外，灘聲在樹頭。

## 田　家

野步閒乘興，依崖小構新。未離城郭遠，漸與葛懷親。客醉呼餘酒，家饒指一囷。秋風自蕭瑟，意愜覺生春。

## 中秋飲綏四齋中

頻來叢桂下，到眼又花時。難老信吾弟，興衰仗汝兒。言多時患盡，賤性好談而直，弟每規予。釀美訝開遲。共有酸心處，追吟看月詩。

## 過江旅次示兒璟

行遍千山麓，來依一水涯。陶潛兒當僕，杜老客爲家。琢句諳詩格，鈔書辨字差。江村開晚菊，伴我去尋花。

## 深澤道中柬六謙明府

不斷奔馳可奈何，秋原差覺午風和。垂車棗熟攀枝得，惹馬苗青整策過。野老歡謳新雨露，勞人飢渡舊滹沱。詩情偶觸栽花處，欲就安仁署裏哦。

## 柬子萬

一月今遲百里書，關情應念我何如？愁多欲佩青裳草，食減還甘赤驥魚。滹沱多鯉魚，最佳。河朔風高寒更劇，江南春好夢來初。鶯聲聽囀君將去，誰與論詩慰索居？

## 雄縣晤錢贊府感贈

錢起高名舉世知，相逢翻恨識君遲。十年名共談經著，此日官同失路悲。鶴浦尚勞懷友夢，鰲峰應憶看山時。憐才忽去涇陽老，撲面黄塵任所之。

## 秋日山行

尋詩何處有詩情，手曳枯藤信步行。谷口泉飛疑雨霰，峰腰雲破放秋晴。蒼苔借映初開菊，黄葉留啼未去鶯。蘭若西偏幽澗曲，欲從野衲構柴荆。

## 山中采藥答吴逸人

閲盡浮榮眼欲空，長鑱斸藥滿筠籠。食觀本草憑渠笑，步入丹厓有路通。折脚鐺炮蒼耳子，長鬚奴擷白頭翁。靈苗薈萃無人問，多在雲根石罅中。

### 寄張澡青相國

遠峰亭畔早鶯聲，似與梅花説舊盟。此日應聽供奉曲，當年曾賦結交行。所欣授柄斟元氣，休認彈冠效俗情。聞道桐江春水緑，釣磯留得一竿横。

### 集飲山補篘對軒與馬生相如談詩即贈相如爲予來亭會中老友嚴沖之文孫也

凌雲才氣筆如仙，三賦先生正妙年。執禮君能尊輩行，論詩吾敢用師偏。黄初步武追猶及，白傅葫蘆畫偶然。予有詩偶效香山，生亟稱之。對酒掀髯爲引滿，來亭今喜見薪傳。

### 青溪學署喜光福山人見過

鄧尉山人過我時，火爐枯坐惱春遲。掀簾一笑作吴語，試問梅花開幾枝。

# 卷九

王檁　馬三俊　胡淳　蘇求莊　同校

## 謝佑二首

**謝佑**　字廷佐，正統丙辰進士，累官山西布政使。山西通志：『佑由部曹督山西邊儲，天順戊寅升山西布政使，涖官勤慎，存心仁厚，所設施務使民沾實惠，前後志操，始終如一，致仕歸。有宦游稿行世。』方本庵邇訓：『官晉藩時，著清白聲，有姻章某守武昌，頗滋物議，佑寄詩規之，有曰：「塵起頻開扇，元規在武昌。」章爲愧服。』

### 嚴灘　釣臺集選

四十年前上此臺，而今登眺喜重來。江山不減當時興，風日空懷異世才。水面魚浮香餌寂，崖頭龍隱暮雲堆。沙平月落潮生處，疑是先生絶點埃。

## 山居

流水青山路欲迷，遊人〔一〕疑是浣花溪。紅鱗屢獲〔二〕充新饌，紫燕重來戀〔三〕舊棲。軒宇風涼開竹簡〔四〕，村田雨霽趁〔五〕鋤犂。殷勤爲〔六〕語催歸鳥，我已歸林莫更催〔七〕。

**校記：**〔一〕『遊人』，龍眠風雅作『人人』。〔二〕『獲』，龍眠風雅作『得』。〔三〕『戀』，龍眠風雅作『覓』。〔四〕『竹簡』，龍眠風雅作『簡籍』。〔五〕『趁』，龍眠風雅作『看』。〔六〕『爲』，龍眠風雅作『寄』。〔七〕『莫更催』，龍眠風雅作『更莫啼』。

# 謝如山一首

**謝如山** 字□□，號宇華，嘉靖間貢生，官汀州同知。

## 春日同友人過慈社

春風先客到，繞徑柳條新。啼鳥争求友，游魚不避人。一乘聞妙法，半日寄閒身。賴有招尋侶，年年肯負春。

## 謝逸九首

**謝逸** 字中隱，號無逸，啟、禎時布衣。

### 石馬謡

尚書墳前雙石馬，照日吹風遭雨打。歲久苺苔生滿身，泉下之人可知也。富貴豪侈竟若何，生存華屋死山阿。當時歌舞尊前侶，今日牛羊隴上多。華屋山丘之感，應使石人淚下。

### 盛少府櫬自浙中歸〔一〕

死痛張元伯，生傷范巨卿。青烏應有兆，白馬竟虛迎。隴木悲秋色，河流泣雨聲。空持懸塚劍，恨未贈生平。

**校記**：〔一〕詩題龍眠風雅作盛少府櫬自浙中歸厝月山余往哭之。

元旦同史長惺夏廣生兄弟過慈雲庵集雪公方丈〔一〕

力疾過初地，齋心禮梵宮。僧鐘殘雪裏，鳥語亂山中。林僻春先集，人閒念已空。年年當上日，蓮社喜能同。

校記：〔一〕龍眠風雅詩題作元旦過慈雲庵禮佛同史長惺夏廣生兄弟集雪公方丈有作。

遊披雪洞

絶巘攀蘿上，飛泉倚石看。穿林虹氣落，振谷雨聲寒。洞曲雲回合，崖懸樹倒盤。緬思濠上意，千古此同觀。

訪汪林叟山居

春山貪趣涉，路在鳥聲中。古木圍重嶂，高崖閣遠空。到門流水白，隔岸野花紅。飽聽桑麻語，塵寰了不同。

## 同劉鶴亭齊碪峰登投子〔一〕　二首之一

捫蘿重上碪峰巔，吟興休爲往事牽。白馬談天知有舌，黄金布地惜無緣。遠峰對酒如相約，新月留人不待圓。更待〔二〕山靈盟一滴，與君游賞自年年。

校記：〔一〕龍眠風雅詩題作同宣城劉鶴亭暨齊寧侯兄弟登投子寂柱峰誌慨。〔二〕『待』，龍眠風雅作『向』。

## 入郡訪何咸仲儀部話舊

風雨江城秋易陰，西堂剪燭坐更深。人於久别今重見，夢自中宵不再尋。片刺已疏魚鳥字，一樽猶共薜蘿心。因思往日梅花發，誰共何郎倚檻〔一〕吟？

校記：〔一〕『檻』，龍眠風雅作『閣』。

送方侍御還朝兼寄何康侯宗伯

已向龍眠葺菟裘，帛書無夢到林丘。曾因諫草聞新主，未許鋤瓜老故侯。禁苑君高槐棘色，山扉余掩薜蘿秋。寄聲曳履承明〔一〕客，爲報漁人〔二〕困直鈎。

校記：〔一〕『承明』，龍眠風雅作『南宫』。〔二〕『漁人』，龍眠風雅作『爲漁』。

送楊蘭似應試金陵因念舊游　五首之一

後湖側畔憑虛閣，覽勝當年記一登。半壁有題塵土暗，君行爲〔一〕問六朝僧。

校記：〔一〕『爲』，龍眠風雅作『但』。

## 謝錫一首

**謝錫**　字爾玠，順治間諸生。潘木崖曰：『爾玠事親無惰容，事伯兄維謹，無私財。晚客含山歸，一日語家人曰：「吾占卦觀象，已爲盡期。」明日遂趺坐而逝。』

## 送張敦復學士還朝

視草承明錫賚優，軒軺旋自〔一〕秣陵秋。新賡丹詔歸鸞掖，舊制宏文出鳳樓。列驛〔二〕風清趨玉陛，行堤〔三〕沙暖待金甌。泰交知是鹽梅重，我已彈冠慶黑頭。

宏贍温雅，似楊景山應制之作。

校記：〔一〕『自』，龍眠風雅作『寵』。〔二〕『列驛』句，龍眠風雅作『驛傳心懸馳玉陛』。〔三〕『行堤』，龍眠風雅作『彤庭』。

# 謝國禎一首

謝國禎　字屏石，國初諸生。

### 浮　山

拔地怪石起，鬼斧劈何年？大江環螺黛，矗立狎風烟。巖洞名象具，艛艥形勢全〔一〕。

山空〔一〕天紳垂，飛瀑百丈懸〔三〕。仙橋接雲梯〔四〕，石牀卧偓佺〔五〕。疊嶂奇雲覆，四時幽鳥喧。崒屼空三昧，天池濡龍涎〔六〕。欲禮遠公塔，且和半窗篇〔七〕。

建安雷鯉半窗有游浮山五言詩，至今稱誦。

校記：〔一〕「，艛艘」句下，龍眠風雅有「滿山都是空，空中各一天」。〔二〕「山空」，龍眠風雅作「更有」。〔三〕「飛瀑」句下，龍眠風雅有「直上繞雲梯，快看赤石蓮」。〔四〕「接雲梯」，龍眠風雅作「踞山腹」。〔五〕「石牀」句下，龍眠風雅有「塔是遠公藏，詩獨半窗傳。天池龍涎溜，盤谷知虎眠。古樹摶風翻，貝葉豎崖巔」。〔六〕「天池」句，龍眠風雅作「撐裂振長川」。〔七〕末二句，龍眠風雅作「山亦嫌皮相，想像悟安禪」。

## 謝嵲三首

**謝嵲** 字師其，雍正間諸生，有卓立齋詩鈔。齊常德序曰：「師其負倜儻之才，性耽鉛槧。凡古今名集，遇善本，不惜重價購之，以故圖書滿家，而花晨月夕，縱飲高談，雅歌揮絃，翛然自得，興之所至，率爾成詩，不求工而多驚人之句。」殷翼序曰：「師其爲群小所中傷，乃束裝之京師。凡登山涉水、對月看花、思鄉懷古，無一不發之于詩，蓋韓子所謂不平則鳴者。」

## 秋　雨

危坐理素琴，夜久寒氣逼。庭樹風蕭蕭，砌蛩聲唧唧。才心只見憐，古調期誰識？悠然對短檠，一笑喜新得。

## 游寧國寺

草色經春碧，郊原信馬蹄。水春山碓急，路折野橋低。幽鳥迎人語，晴雲拂樹齊。上方鐘磬出，乘興一攀躋。

## 宿合明庵

山曲開精舍，幽蘭吐異芬。捲簾通鏡月，贈客出囊雲。意愜棋初勝，詩成酒半醺。焚香僧晚課，鐘磬上方聞。

## 謝范陵三首

**謝范陵** 字經士，號柱溪，乾隆間廩生，官福山知縣。有眺樓集。

### 帆影 西堂八景之一

一幅收滄海，千岩過客舟。風呼如掣電，浪簇忽驚鷗。歲月波中度，乾坤水上浮。遥天頻極目，惆悵楚江頭。

### 送春

欲留無計惱人天，花氣冥濛夕照前。野路纔經黄麥雨，小橋空鎖緑楊烟。不知消息歸何速，徒使迢遥客思牽。南浦殷勤頻寄語，明年芳草尚依然。

聞鐘

白雲縹緲石嵷巃，人在蓬萊第幾重？夢過邯鄲殘酒醒，九霄明月一聲鐘。

## 謝冠南二首

**謝冠南** 字若谷，號湄庵，乾隆間國子監生，有飲香堂詩鈔。

七夕

碧天如水夜初涼，金井梧桐露有光。欲效針樓私乞巧，却慚無補繡衣裳。

新燕

取次春風故故飛，海棠庭榭共忘機。營巢不用呢喃語，自啄香泥帶月歸。

## 謝　燾一首

**謝　燾**　字普之，乾隆時諸生。

### 贈表兄李　時官黄沁司馬。

昔年挂席鑾江去，此日驅車梁苑來。九曲河流迎客渡，滿城桃李爲君開。人從闊别思髩歲，話到綢繆識上才。信有平原能愛士，便教移榻共銜杯。

## 謝　庭十五首

**謝　庭**　字崑庭，號東菑，布衣，有東菑詩鈔。吴待揆序詩鈔曰：『崑庭性情既正，懷抱亦清，而筆亦足以達之。所爲古近體詩，學古有獲，意潔體清，同好中常呼之爲小謝云。』劉耕華曰：『崑庭博學能文，好吟詠。海峰先生其舅祖也。凡海峰所評閱諸書及古今體詩，皆得其全而探玩之，故其爲詩能得所宗云。』

## 初夏齋中晨起

梅雨夜來過，高齋寒氣還。巖前夏木秀，鶯囀驚晨眠。披衣倚欄望，茅茨起新烟。農人事耕種，驅犢向山田。秧苗既葱蒨，雛燕亦翩翾。俯仰觀物化，迥無塵俗牽。新茶已上焙，攜瓶汲澗泉。曲曲瀉幽磴，泠泠鳴清絃。聽此得心賞，趺坐碧草間。四顧無人迹，白雲生松巔。

## 即　事

空林雨初霽，徙倚欄杆曲。一鳥巖際鳴，遠山吐新緑。衣袂忽生涼，微風散晴旭。更聞西澗流，淡然心似浴。

寄吴待揆

憶昔浮山從君讀，意氣凌雲空世目。攜手朝尋古寺花，連牀夜聽懸崖瀑。我今窮老滋湖邊，君復高吟小洞天。看盡年年來去雁，相思一片待君傳。

皖城憶大兄客萊州

两地同爲客，憐兄更遠征。海風萊子國，江雨皖公城。未得一枝託，况聞群雁聲。何時返遥轡，重道對牀情。

長河堤上

誰家堤上住？堤外系漁舠。幾樹夕陽淡，一帆秋水高。網收鷺紫蟹，市遠斷清醪。岸轉通江口，舟人欲下篙。

## 戴沖山中晚步

平生愛丘壑，隨意出柴關。歸鳥亂群木，殘陽時半山。坐聽流水遠，行與去雲間。隱隱春何處，茅茨薄霧間。

## 月夜聞雁

秋風吹塞雁，群起向南征。月下見新影，雲間聞舊聲。關河值摇落，樓閣正淒清。試問衡陽去，嗷嗷日幾程？

## 白雲庵夏晚雨霽

招提暑氣減，山麓涼颸生。深竹滴殘雨，夕陽明晚晴。時從石磴過，偶漱澗泉清。一路少人跡，悠然世外情。

## 夜讀偶詠

百城坐擁寒燈前，草堂風颭心茫然。仗劍挾書行此日，青山碧水歸他年。雞鳴喔喔霜覆屋，星光疏疏月在天。呼童起借鄰家酒，醉石措頭穩夜眠。

拗體渾成，似山谷之學杜。

## 清明游黄公山有懷張鳴謙

群峰如畫黛眉齊，探勝穿雲蠟屐攜。單袷谷風春冷暖，桃花茅屋澗東西。林間掃祭何時墓，雨後荒田幾處犁。聞道幽人今閉户，深山撰述羨高棲。

## 晚過周家山莊

偶出塵市中，得入雲林境。歸鳥數行啼，夕陽村外影。

## 晚晴

微雨過招提，高閣斜陽透。隔牖晚風生，葉落秋山瘦。

## 冬夜溪上

溪路不逢人，月出長堤静。衰柳剩空枝，棲鴉露寒影。

## 題畫

紅杏碧桃高閣外，酒旗歌板斷橋西。幽人夢醒春庭暗，溪雨欲飛鳩亂啼。

山齋

峰巒面面白雲齊，深谷無人草滿溪。門掩小庭春晝永，萬松深處畫眉啼。

## 謝表一首

**謝表** 字幹臣，乾隆間諸生，有别墅詩集。

太霞宫

傑閣倚巖阿，攜朋試一過。崇垣敞盱盱，靈像俯峩峩。塘净緑菱少，林深紅柏多。昔賢有題字，景溯意如何。宫有程立庵奉常題額。

# 謝濬恩十四首

**謝濬恩** 字安愚，號篠榭，乾、嘉年間諸生，官保安州吏目，有篠榭詩鈔。陸言序詩鈔曰：『先生詩皆從心性中流出，不假雕琢，不事裝飾，不故爲古奥幽深之概，而其中之藹然可親、秩然可法、矯然不可得其端倪者，衆美咸備。然後嘆其深于詩，而不拘於詩也。惜其懷才未展，以末吏終，是則可慨也。』吴雲驤序曰：『先生爲人，端方介直，教子弟循規矩。然讀其詩，又柔情宛轉，不類其爲人，然後知古之真君子，皆爲有情人，必謂吟風弄月非端人之所宜，吾恐梅花有知，終笑心非鐵石也。』胡方朔序曰：『先生周歲失怙，及長事繼母、生母、庶母，先意承志，一一得其歡心。偶離親側，思念不置，嘗遭回禄，力負其兩節母從烈焰中出，得無恙。及其母相繼棄世，哀毁骨力，病遂不起。生平作爲詩歌，自少至老多孺慕之詞，令人誦之不禁泪潸潸下，雖古南陔之孝子、白華之孝子，何以加焉。』

## 游黍谷 在密雲縣東。

共作幽棲約，登山叩石扉。小橋流水緩，花塢夕陽微。松密雲常鎖，僧慵客到稀。爲尋吹律處，策杖意忘歸。

清明

獨掩孤蓬坐，東風不放晴。何堪此寂寞，况復是清明。淺黛初舒柳，新簧乍囀鶯。龍眠回首望，斜照暮雲平。

月夜

小舸泊荒灘，依依柳色殘。草香蝴蝶鬧，波静鷺鷗閒。笛韻清如訴，月光滿似盤。憑欄遥望處，旅夜不勝寒。

江村

舟泊江村暮，夕陽半在山。漁舟喧晚市，牧子叩柴關。迢遞人千里，凄清月一灣。老農真可羡，團聚話消閒。

## 聞叔固食園笋詩以調之

開園掘笋聞招客，攜酒看山不約兄。禪味未參蘇内翰，貧居雅慕段先生。况當久雨初晴後，正是清和見月明。想到渭川撑滿腹，如筠襟契許誰傾？

## 答方青展見嘲

無羊不復蘇公帖，有酒留爲謝奕狂。分去君難充雅量，算來我已割柔腸。要知坳水江湖闊，但説糟邱興味長。可記軟紅山左路，何從涓滴覓椒湯。

純任自然，極似玉局。

## 和胡沛霖

自慨渾同不繫舟，敢言江左舊風流。閉門種菜偕山叟，荷鍤攜壺慕醉侯。盡道春光穠似錦，誰憐愁緒冷如秋。連朝近晚窗先掩，怕見彎彎月一鈎。

三、四點化放翁語，意致自別。

## 新篁

篠樹新篁突怒生，數竿風致自縱橫。影分新淥波紋静，聲和蒼松韻籟清。枝未凌霄先有節，衷能虚己亦多情。子猷去後知心少，約共寒梅結歲盟。

## 舟中懷王理堂程愛荷　二首之一

薄酒澆愁轉易醒，西風斷雁不堪聽。惱人離思江干路，行過長亭又短亭。

## 向叔固借千錢　四首之一

捉得衫襟肘欲穿，看花籬下興悠然。不知詩是窮人物，纔解吟時少酒錢。

## 過石門

春來無事不銷魂，楊柳東風過石門。一棹吴歌聲欸乃，半船明月又黄昏。

## 閨　怨　二首之一

斑管慵拈懶畫眉，無窮幽意倩誰知？郎情仍似當年密，妾貌難如初嫁時。

怨而不怒，風人之遺。

## 春風

春來客思只誰堪？强把葡萄飲半酣。惱殺東風吹又醒，不將好夢過江南。

## 冶春詞和張逸公　十二首之一

東風吹雨過晴嵐，清瀑飛泉下石潭。貪看映山紅滿路，尋春早又到城南。

紅杜鵑花俗謂映山紅。

# 謝得禮一首

**謝得禮**　字榮甫，號南崖，明舉孝廉，官山西平陽知府。

## 章華臺懷古

萬物爲過客，乾坤一流寓。漢水非湯深，方城豈金固？湯竭金可鎔，況乃土木具。在昔楚靈王，侈心欲廣務。建此章華宮，長鬣諸侯慕。於今禾黍新，徒傷宫室故。陂中宿鳧鷗，臺上穴狐兔。西望諸葛廬，南望蒼梧路。遺臭與流芳，山川殊其遇。此地幾興亡，寂寂冬青樹。

# 謝 宗一首

**謝 宗** 字維城，號西葵，明正、嘉間貢生，贈大理評事。

## 螓磯孫夫人廟

寧母歸原誤，殉夫義自存。身沉皖江水，波湧劍門魂。風静帆無力，洲空石有痕。永安宫殿在，未去暮雲昏。

## 過龍灣題慈度山房

倦游何處寄閒身，草屋三間不厭貧。流水小橋楊柳岸，回巖仄徑往來人。半天竹映雲窗暗，一桁烟籠春樹深。閉户焚香無客到，年年風月自爲鄰。

# 謝鴻二首

**謝鴻** 字義寅，號蓬港，乾隆間諸生。

## 雨中游桃花塢

未醉花前酒一樽，撩人春色自昏昏。多情一幅詩中畫，細雨桃花郭外村。

## 有感　十首之一

錢刀不系丈夫心，意氣如山可萬尋。何事燕昭能得士？笑他□上是黃金。

# 謝居安三首

**謝居安**　字曙開，號曉東，乾、嘉間國學生。

## 贈意禪上人

不識禪關寂，如何俗慮消？徑荒披露草，窗静響風蜩。面壁無經卷，攜鉏有藥苗。相逢交意淡，我亦號逍遥。

## 中秋

夜深蟲語急，風静露珠寒。多少團欒月，都從離别看。

### 五畝園納涼

追涼得得到城隅，十頃方塘尺半魚。門内藕花門外柳，晚風多處是誰居？

## 謝裴五首

**謝裴** 字吟三，號書田，年十九卒，有《韻篁館詩集》。

### 春暮歸思却寄龍山諸友

野渡舟横遠，行行覓釣磯。鶯花留客醉，山水送人歸。夕照紅千樹，孤雲白一扉。相思在何處？不盡柳依依。

## 花蝶詞

花開蝶滿枝，蝶去花離披。但得花常艷，蝶意無參差。

## 題友人山莊　二首之一

小飲西郊處士家，緑陰深處話桑麻。一簾捲盡青山色，牛下斜陽背暮鴉。

## 永訣詞示内子汪氏

雙飛燕子忽分離，終古堂前只自悲。未報深恩全賴汝，莫教白髮哭吾兒。
回首争堪憶挽車，茫茫天道竟何如？階前玉樹須珍護，清白詒謀是讀書。

## 章綸一首

章綸　字思綸，號訥庵，正統乙丑進士，官江西參政。山西通志：『綸，桐城人，景泰中官給事中，以言事謫應州判，擢本州，洞達治體，案無留牘，敏練仁恕，有功地方，歷官至參政。』

### 之官武昌和弟頤庵雙溪送別韻

官情鄉思兩悠悠，旌旆翩翩上客舟。報國漸看雙鬢改，撫民分寄九重憂。堂廉際遇思千古，手足情親聚一甌。酌罷不堪分手去，鷓鴣聲裏動人愁。

## 章綱一首

章綱　字思綱，號頤庵，處士，有武昌蚓竅等集。劉海峰蚓竅集序：『吾鄉章頤庵先生，其兄綸由進士爲武昌太守，先生獨奉其太夫人，處山水園亭以自娱，絶意仕進。其爲詩澄澹蕭疏，類古達人之風尚。』

## 閒居〔一〕

白雲爲郭〔二〕竹爲鄰，棲迹衡門欲絶〔三〕塵。贏得此身鷗鷺侶〔四〕，功名何處問〔五〕來人？

校記：〔一〕龍眠風雅詩題作題東郭閒居。〔二〕『郭』，龍眠風雅作『侶』。〔三〕『欲絶』，龍眠風雅作『不染』。〔四〕『鷗鷺侶』，龍眠風雅作『閒快活』。〔五〕『何處問』，龍眠風雅作『留與後』。

# 章經一首

**章經** 字樸庵，號翠屏，明處士。

## 園居

鋤雲劚月作生涯，門掩春風自一家。三徑松梅三徑竹，半園桑柘半園麻。親朋到日先占鵲，水旱年來預卜蛙。酒熟東籬從客飲，杖藜扶醉夕陽斜。

## 章 熉一首

章 熉 字□□，號黄華，明諸生。

### 詠石馬

卓立誰家馬，晨宵羈不收。清風閒宇宙，芳草自春秋。雲壓銀鞍鐙，雲籠鐵轡鞦。山翁如肯借，跨我到皇州。

## 章于漢二首

章于漢 字天渡，崇禎末諸生。

### 合明雜紀

野樹丁丁聽鳥音，閒從石上獨披襟。白雲有意嘗留劍，流水無聲自入琴。莫信文章今日重，但遺丘壑古人心。茂陵何事居多日，爲問相如病已深。

懷方子詔象山

八月金門賦已虚，同君放棄小江漁。家從喪亂塵餘甑，人隔江湖路絶書。玄草半焚猶欲著，蓬蒿滿徑不曾除。長安多少空彈鋏，爲問何人食有餘〔一〕？

校記：〔一〕『餘』，龍眠風雅作『魚』，是。

## 章紱一首

章紱　字□□，號怡庵，乾隆間諸生。

寄家書

劍氣摩空事已虚，年年氈毦近何如。一身奇夢千山月，兩字平安萬里書。雪盡南天驚旅雁，春回西蜀感游魚。梅花剩有家園好，消息無心問敝廬。

## 章梅芳二首

**章梅芳** 字慕萊，乾隆間諸生。

### 惜陰亭懷古

嶔崎斷壁臨江水，旁有崇祠深樹裏。居民競説古樅陽，元勳著績官茲始。有亭翼翼當祠前，遺碑紀誌今猶傳。生平寸陰逾尺壁，勤比夏后猶矜虔。我讀晉史心焉悲，金行不競魁柄移。賊敦既殲逆峻起，狼奔豕突誰能支？公提一旅靖旬始，俯拜泥首羞元規。建業功成旋復辟，司空驃騎誰先推？典午清談崇侈汰，亂頭養望稱放達。摴蒲之戲誠牧奴，頹風日下誰能遏？齋頭百甓真吾師，朝陰逐東暮逐西。勤勞忠順數諸葛，公也大名與之齊。晚節深懷滿盈懼，臨歿撝謙尚平素。節麾軍仗悉封還，豈有夢翼滋疑誤？立功與言俱不朽，如公曠代甯多有。聞雞策馬厲劉琨，沐雨櫛風同夏后。我來登眺屬芳春，春草如茵際水濱。遲暮徒增愒時慨，峥嶸誰是惜陰人？

折翼之夢，晉書載之本傳，殊爲不倫。『忠順勤勞似諸葛』，梅陶評：『自是知己。篇中運用俱極穩切。』

## 江中望小孤山

春江水緑沄沄起，岷峨西來三萬里。短櫂輕帆過海門，水似碧天天似水。東風習習送歸鴻，海門幻出青芙蓉。雲鬟崷屼排空上，玉笋嶙峋入望中。我聞此山名小別，別字小孤通禹穴。疏鑿曾經四載勞，登臨漫作千秋説。千秋翠靄彩雲間，吴楚東南第一關。人立中流稱砥柱，天留峭壁障狂瀾。扁舟萬頃遥相見，仰止情深頻眷戀。何時絶頂試躋攀，坐看澄江静如練。

## 章民察一首

**章民察** 字□□，號燮庵，嘉慶間諸生。

杜公祠　牧之祠在池州城外，所居杜氏以爲祖。祠宇荒頽，並無遺像。

寂寂東風賣酒旗，風流歇絶杜家祠。始憐廿四橋邊女，猶解黄金鑄牧之。

## 邱甯一首

**邱甯**　字士安，天順間貢生，官衛經歷。方本庵邇訓：「天順間爲鎮南衛經歷。桐之黄公、白楊二山，舊賦礬，歲二萬。後山不産礬，民市于他郡以償，甚苦。甯奏免之。」

投子山勝因寺步葉太守壁間韻

窗外青山入座奇，山中果熟鳥頻窺。不嫌地僻人來少，却〔一〕怪林深月上遲。仙井泉香堪療疾，古碑字缺費尋思。老僧不管遊人醉，泥〔二〕和風流大守詩。

校記：〔一〕『却』，龍眠風雅作『生』。〔二〕『泥』，龍眠風雅作『請』。

# 邱峻二首

**邱峻** 字惟高，嘉靖間貢生，官始興教諭。

## 畫山水

翠滴松梢雨乍收，山光半爲白雲留。江邊可惜無人住，開却蘋花一岸秋。
樹樹秋風響澗阿，夕陽收處暮霞多。何人艇子苕溪上，唱得吴儂子夜歌。

# 盛德二首

**盛德** 字克修，號五槐，宏治甲子舉人。

## 兔河風帆 鳳山八景之一

鳳山俯群壑，烟波横如帶。遥見兔河帆，飛向青天外。

九華晴峰　鳳山八景之二

風景朝朝異，江山脉脉通。欲眺九華秀，新晴落照中。

## 盛汝謙一首

**盛汝謙**　字亨甫，號古泉，嘉靖辛丑進士，累官户部右侍郎。江南通誌：『汝謙爲政，一以勸廉懲貪爲首務，尤崇奬孝友。由御史遷光禄少卿。值嚴嵩柄國，不能阿附，乞歸，後起官僉都御史，操江捐貲修貢院，易號舍蘆葦以磚甃之。桐故無城，倡議修築。後賊躪桐城，賴以全公之力也。』方本庵邇訓：『盛亨甫官操江時，舟行江中，見岸上迎者多不整，心疑之。會文武以次進見，見者即飭回，徐察之，則諸軍是日以給糧，欲甘心主事者，由此解散。』又曰：『亨甫一羊裘二十年，猶補緝而服。或曰「不已儉乎？」亨甫笑曰：「方之晏子，更可十年。」』

## 贈武湖山年丈頓山别業

何年遂初衣，卜此頓山業。門横一澗流，樹〔一〕系方塘艓。流急境常静，艓移情益〔二〕愜。庭趨詩禮兒，架散鍾王帖〔三〕。四時有新釀，客至每歡接。啼鳥雜清歌，游魚翻巨鬣。辭榮未棄〔四〕榮，故園懷日涉。

校記：〔一〕『樹』，龍眠風雅作『後』。〔二〕『益』，龍眠風雅作『更』。〔三〕『帖』，龍眠風雅作『帙』。〔四〕『未棄』，龍眠風雅作『終復』。

# 盛世承二首

**盛世承**　字以烈，號晰泉，汝謙子，萬曆丁丑進士，累官南光禄寺卿。有晰泉集。江南通志：『官兵部，歷四司，部有大機務倚之以决。及備兵陝西，墾荒灘地至千餘頃，爲秦中世世利。』潘蜀藻曰：『公爲司徒古泉公七子，性恬淡，耻奔競，工爲詩，尤精書法。今徵其詩集，猶昔所手録，波磔端好，儼然虞、褚典型。卒年八十有八。』

## 瞿率甫鄉丈訪余雲中贈別

沙磧無春寒〔一〕月高，鄉書長斷夢魂勞。故人冰雪輕千里，俗吏風塵嘆〔二〕二毛。東海未聞平島嶼，中朝猶自乏山濤。相逢莫話憂天事，且把閒情付濁醪。

意清致愜，近似錢、劉。

校記：〔一〕『寒』，龍眠風雅作『塞』。〔二〕『嘆』，龍眠風雅作『已』。

## 春日懷歸

五斗羈人未得歸，窮邊三月雪霏微。雁魚錦字經年隔，麋鹿幽蹤與世違。旅夢不曾離竹徑，山靈休笑製〔一〕荷衣。春郊遥睇〔二〕江南道，我欲乘風跨鶴飛。

校記：〔一〕『製』，龍眠風雅作『裂』。〔二〕『郊遥睇』，龍眠風雅作『深應度』。

## 盛世翼一首

**盛世翼** 字以忠，萬曆丙戌進士，官江西萬安知縣。潘木崖曰：『明中葉後，桐之父子兄弟以進士起家著稱當時者，盛氏爲最云。』按：萬安以治行擢天下第一，奉詔入京師，卒於道。

### 送王山人

寒原一雁下霏空，短褐蕭蕭禦北風。俱是殘年行路客，傷心不直別離中。

## 盛可藩六首

**盛可藩** 字屏之，號蓮生，世承子，萬曆己酉舉人，官户部主事，贈光禄寺少卿。有《栝甌吟》。

### 題林中尊所藏織錦回文卷後

幽懷一寸通天地，璇圖錯織傷情字。機杼依微離怨聲，錦絲綜合回旋勢。棫寄安南見亦憐，香車遄返漢江邊。頓教歌舞陽臺女，又逐行雲各一天。後有朱媛能作解，千里丹青摹梗概。二妙應令今古存，完歸[一]趙璧知誰在？仇生繪事當時絶，補畫能全畫[二]工缺。彩筆深幽[三]離合心，尺縑俱寫悲歡色。筆縑仍譜錦璇機，蘇蕙朱真两見之。始知奩閣幽芳韻，賴有芸窗慘淡思。君侯博雅耽遐異，購得精縑[四]吴錦製。退食鳴琴晝下簾，邀予鑒古[五]同遊戲。展卷徐觀三嘆嗟，征人思婦意無涯。陽臺若也媚文錦，更有詩圖出寶家。

婉麗清妍，似楊孟載。

校記：〔一〕『完歸』，龍眠風雅作『姤完』。〔二〕『畫』，龍眠風雅作『化』。〔三〕『幽』，龍眠風雅作『涵』。〔四〕『縑』，龍眠風雅作『妍』。〔五〕『古』，龍眠風雅作『駁』。

## 李氏槎頭小閣宴坐

小閣溪聲裏，長橋山麓邊。洲分两河色，岸簇萬家烟。翻礉[一]中流碓，奔衝下瀨船。檻前青玉案，憑日對[二]臨川。

校記：〔一〕『礉』，龍眠風雅作『激』。〔二〕『日對』，龍眠風雅作『對日』。

## 維舟交江散步玉峰山寺

野寺亦幽趣，因山〔一〕額玉峰。引〔二〕泉茶竈側，甃沼法堂東。此日高〔三〕松竹，何年隱〔四〕梵宫？因緣無處問，惆悵翠微中。

校記：〔一〕『因山』，龍眠風雅作『山名』。〔二〕『引』，龍眠風雅作『視』。〔三〕『高』，龍眠風雅作『深』。〔四〕『隱』，龍眠風雅作『創』。

## 冬至飲甌城主人樓

向夕樓簷生月光，錦屏紅燭照清觴。客愁欲起主能醉，日晷雖添宵自長。江蟹脂凝〔一〕盈日爽，土瓜味旨〔二〕沁心涼。劍川還往剛千里，何必并州憶古鄉？

校記：〔一〕『脂凝盈日』，龍眠風雅作『幾螯盈口』。〔二〕『味旨』，龍眠風雅作『一味』。

## 途中漫述

半是山腰半水涯，橋頭著屋樹邊祠。行人拄杖無車馬，村店懸茅當〔一〕酒旗。柏老子疑梅吐早，藤稠葉認柳彫遲。嶺高日礙〔二〕陽光薄，嵐霧終朝上客衣。

此官龍泉教諭時作，龍泉在甌栝眾山中，崎嶇之景如繪。

校記：〔一〕『當』，龍眠風雅作『代』。〔二〕『日礙』，龍眠風雅作『礙日』。

## 舟泊苦竹

潮近灘高鼓櫂艱，好風只許到山灣。夜深一片霜林〔一〕月，也似〔二〕蘆花淺水邊。

校記：〔一〕『林』，龍眠風雅作『和』。〔二〕『也似』，龍眠風雅作『彷彿』。

# 盛邦孚二首

**盛邦孚**　字允中，號雪舟，可藩子，官上林苑丞。

## 暮春還山李石逋見過

斗室夜〔一〕深坐，蹉跎已暮春。少年難再得，往事不堪論。禮廢原非病，交疏只爲貧。歲寒惟老友，數過意何親。

六語道盡世情，乃知結交者，須黄金也，息交絶遊，不待孝標著論矣。

校記：〔一〕『夜』，龍眠風雅作『容』。

## 九日江子長約登高病不能赴

抱病扶筇力不加，催租人至益堪嗟。何心獨酌茱萸酒，無伴同煎桑苧茶。世少白衣能重客，雨多黄菊未成花。藥爐相對愁千斛，羡爾登高樂事賒。

# 盛斯唐四首

**盛斯唐**　字集陶，世翼孫，崇禎間處士。潘木崖曰：『先生博學，工文詞，尤精於史。寓金陵與閩人林古度相唱和。錢虞山有贈詩二首，又和落葉詩二首，載有學集中。』

## 元旦赴友人招

晨起無酬酢，相招獨古歡。問年先馬齒，累客共猪肝。柏酒情何暖，茅檐坐不寒。梅花從此好，莫使杖藜單。

## 落葉 八首之一

換碧看朱事〔一〕已非，褪黄脱緑望全稀。争先落木蕭蕭下，故傍離亭黯黯飛。敲碎閒聲驚曉夢，吹來寒色上秋衣。傷心最是楓江客，兩岸紅殘一櫂歸。

結末神游象外，韻味無窮，可比袁海叟白燕篇。

**校記：**〔一〕『事』，龍眠風雅作『思』。

## 懷林茂之

幾度思君輒賦詩，羽飄鱗蟄每差池。舊裁柳色曾無恙，新買帆風未有期。千里夢回秋雨細，一燈愁擁夜涼遲。病中添病人無那〔一〕，老眼闇知應〔二〕淚垂。

校記：〔一〕『那』，龍眠風雅作『伴』。〔二〕『應』，龍眠風雅作『亦』。

## 春日懷無可大師

風波一〔一〕去黯魂消，雲水歸來行脚遥。家寄青山辭故里，寺依黄葉住前朝。梅花笛裏香傳〔二〕磬，桃葉樽前飲滯〔三〕瓢。記得客中同載酒，至今楊柳帶春潮。

四語用馬虞臣黄葉前朝寺句，别有意致。

校記：〔一〕『一』，龍眠風雅作『失』。〔二〕『傳』，龍眠風雅作『孤』。〔三〕『葉』，龍眠風雅作『渡』；『飲滯』作『月一』。

## 盛環一首

**盛環** 字蘊生，明末諸生。

### 喜价人捷賢書兼别文漢歸漢陽〔一〕

朱纓剪剪石麟香，君下松陰六尺牀。自是雄才驚耳目〔二〕，敢言憎命有文章。辟疆不老徐無敵，充國難封趙破羌。揮手滄江何所見，數莖殘菊飽〔三〕秋霜。

風格蒼勁，屬對渾成。

校記：〔一〕『漢陽』，龍眠風雅作『里』。〔二〕『才』，龍眠風雅作『名』；『耳目』作『鹵簿』。〔三〕『飽』，龍眠風雅作『抱』。

## 盛纘裕一首

**盛纘裕** 字孝寬，號螺舟，國初諸生。

## 過左霜鶴龍眠山房

數年未訪龍眠勝，扶杖重來舊畫圖。且喜扣〔一〕扉如有待，何妨掃〔二〕徑特相呼。榻迎客至能常下〔三〕，酒出家藏不待〔四〕沽。雨後新篁青欲滴，想來月下賽冰壺。

校記：〔一〕『扣』，龍眠風雅作『叩』。〔二〕『掃』，龍眠風雅作『緣』。〔三〕『下』，龍眠風雅作『掃』。〔四〕『待』，龍眠風雅作『用』。

# 袁宏一首

**袁宏** 字德洪，成化乙未進士，官山西行太僕寺。

## 游晉祠觀難老泉 山西通志

一泓俯幽深，疑有蛟龍卧。却立不敢窺，况敢輕一唾。瀉竇玉珂清，入村羅帶涴。崖空疑通海，流駛可旋磨。下溉稻千頃，旁植竹千箇。行旅借飲濯，居人免寒餓。崖刻半剝落，石路時坎坷。林靄滯行程，山風牽卧課。俯觀魚鰕遊，仰乏燕雀賀。豈伊道士貧，毋乃長官過。右顧十畝塘，西有百重邏。恨無擇勝亭，與客同唱和。何當行役休，遂此股肱墮。得與二三子，終日臨池坐。

## 袁廷憲一首

**袁廷憲** 字子章，號笈堂，崇禎末貢生，官兵馬司指揮，卒年九十三，有笈山堂集。

### 八十初度

莫嫌山僻太孤清，淡泊居身志可明。兩世桑田供冷眼，百年花鳥寄深情。雙扉晏啟無車迹，半榻高懸少友聲。却笑磻溪當此日，猶貪雲水一竿輕。

## 余珊六首

**余珊** 字德輝，號竹城，正德戊辰進士，官至四川按察使。有竹城集。明史本傳：

『正德三年進士，授行人，擢御史。乾清宫災，疏陳弊政，極指義子西僧之謬。巡鹽長蘆，發中官奸利事，爲所誣，械繫謫官。世宗立，擢江西僉事，討平梅花峒賊，遷副使。嘉靖四年應詔，疏陳十漸，反復萬四千言，最爲剴切。律己清廉，居官有威惠。外艱歸，士民祠之名宦，終四川按察使。』方本庵邇訓：『余德輝曉兵法、易數，觀察四川，日嘗詰獲苗夷刺客。其家有自製小渾天儀。』馬太僕余竹城集序：『先生在武宗時，謇直敢言，時政出中涓，先生彈劾不避權貴，用是下錦衣獄，杖瀕死，謫判安陸。世宗御極，起言事之臣，擢備兵江右常，平袁洞之巨寇，收威茂之叛民。應詔陳言，疏時事十漸，語多侵權相，幾復不免。生平遺編什九而佚，僅得奏議、詩辭若干卷梓之。』潘木崖曰：『先生與李何同時，其詩極爲所推許，詩文多散佚，久乃得同里馬太僕孟禎搜采遺逸，成集梓之。』

## 擬古

丹山高〔一〕千仞，上有雙鳳凰。和鳴應天樂，文采炫朝陽。妖鴟爾何類？乃欲巢其傍。宜爲鳳凰羞，不共此高岡。枳棘非所棲，戢翼甯深藏？君子惜靈異，惻惻心内〔二〕傷。

泰山有喬木，自昔五大夫。盤根象〔三〕蟄龍，聳〔四〕幹凌空虚。嚴凝砥寒標，材可供天都。云胡摧爲薪，乃爨田家厨。託位非不高，蔭身非不敷。斧斤將奈何，日日來相圖。

驊騮立天仗，神氣吞長虹。一鳴徹霄漢，四足追剛風。南郊灑清道，騎出大明宮。龍顔照天日，儀衛彌尊崇。何爲輒鞭叱〔五〕，頓使天閑空。吾恐宛國〔六〕知，誓不與漢通。

**校記：**〔一〕『高』，龍眠風雅作『起』。〔二〕『内』，龍眠風雅作『孔』。〔三〕『象』，龍眠風雅作『鶩』。〔四〕『聳』，龍眠風雅作『錯』。〔五〕『鞭叱』，龍眠風雅作『叱去』。〔六〕『國』，龍眠風雅作『王』。

## 送沈侍御歸養

秋風撼庭柯，惟聞君太息。問君何所思？問君何所憶？所思非功名，所憶非泉石。青陽逼歲時〔一〕，白髮悲庭闈。君身鮮兄弟，阿母無仲兒。辛勤八十年，晝夜理寒機。條條手中線，織兒身上衣。兒今已〔二〕衣繡，菽水翻暌違。願言乞兒身，從此終養歸。暮寫烏烏心〔三〕，朝上象闕〔四〕書。東堂辭宰執，西堂辭友于。賣我舊時驄，鬻我舊乘車。雲帆一葉去，烟洲萬里餘。期過大庾嶺，正值梅花初。吟魂耿歸夢，蕩俗淩清虚。稚子聞翁來，商羊走階除。阿母聞兒來，含笑倚門閭。鄉鄰聞友來，載酒胥慶予。更衣試取斑斕着，婆娑萬舞恣歡樂。承歡〔五〕一日抵千金，縱有三公君不博。

語摯情真，可以教孝。雖復沿用古詩句格，而自具清思。

校記：〔一〕「時」，龍眠風雅作「華」。〔二〕「已」，龍眠風雅作「得」。〔三〕「烏鳥」，龍眠風雅作「蟣臣」。〔四〕「象闕」，龍眠風雅作「天王」。〔五〕「承歡」，龍眠風雅作「纔娛」。

## 鳳凰阡

長安城北無閒土，盡是長安貴〔一〕人墓。洛陽北芒〔二〕塚纍纍，空有黄金無葬〔三〕處。松楸塞路多如鱗，回首樵夫摧爲〔四〕薪。誰家古碑高百尺，忽作人家柱下石。何如姑蘇城外阡，鳳飛鸞〔五〕舞來山前。人跡罕到自窀穸〔六〕，棲鳥頻來銜紙錢。三泉下錮人長歸，子孫世世還相依。牛眠葬者三公地，試看青鳥向此飛。

校記：〔一〕「貴」，龍眠風雅作「舊」。〔二〕「北芒」，龍眠風雅作「山陰」。〔三〕「葬」，龍眠風雅作「買」。〔四〕「樵夫摧爲」，龍眠風雅作「摧爲爨下」。〔五〕「鸞」，龍眠風雅作「鳳」。〔六〕「自窀穸」，龍眠風雅作「深更幽」。

## 東巖

卜居巖壑買芝田，自喜雲林隔市廛。十里斜陽騎犢醉，半牀明月擁書眠。晝長無事烏頻下，春到不言花自鮮。漫説蓬萊窮海際〔一〕，瀛壺〔二〕元只在山前。

校記：〔一〕『際』，龍眠風雅作『島』。〔二〕『瀛壺』，龍眠風雅作『蓬萊』。

## 余鳳衢一首

**余鳳衢** 字振千，邑諸生。

### 飲田家醉歸用少陵韻

二月春風和，出門看堤柳。山半杏花開，尋芳無昔友。亂後交遊稀，相與在林藪。長吟大澤閒，蒼然見田叟。爲問君胡來？邀我飲春酒。未暇語寒暄，歡然執我手。到門犬聲高，稚子候已久。堂上紛鋤犁，檐下懸魚笱。招來鄰家翁，呼婦先開瓿。斟酌頻攜壺，半醉更大斗。偶坐課陰晴，治亂不入口。夕陽趣我歸，欲別更拽肘。暮夜畏虎狼，童隊執炬走。扶杖哦新詩，脱幘一搔首。草堂睡不醒，村家釀殊厚。